百年医学梦园
——中山大学广州校区北校园记

陈小卡 王斌 朱毅琼 ◎ 主编

中山大学出版社
·广州·

版权所有　翻印必究

图书在版编目（CIP）数据

百年医学梦园：中山大学广州校区北校园记/陈小卡，王斌，朱毅琼主编．—广州：中山大学出版社，2022.12

ISBN 978-7-306-07590-1

Ⅰ．①百⋯　Ⅱ．①陈⋯②王⋯③朱⋯　Ⅲ．①中山大学－校史　Ⅳ．① G649.285.53

中国版本图书馆 CIP 数据核字（2022）第 128102 号

BAI NIAN YIXUE MENGYUAN: ZHONGSHANDAXUE GUANGZHOU XIAOQU BEI XIAOYUAN JI

出 版 人：	王天琪
策划编辑：	徐　劲　邓子华
责任编辑：	邓子华
封面设计：	曾　斌
责任校对：	袁双艳
责任技编：	靳晓虹
出版发行：	中山大学出版社
电　　话：	编辑部 020-84110283，84113349，84111997，84110779，84110776
	发行部 020-84111998，84111981，84111160
地　　址：	广州市新港西路 135 号
邮　　编：	510275　　　　传　真：020-84036565
网　　址：	http://www.zsup.com.cn　E-mail: zdcbs@mail.sysu.edu.cn
印 刷 者：	恒美印务（广州）有限公司
规　　格：	787mm×1092mm　12 印张　155 千字
版次印次：	2022 年 12 月第 1 版　2022 年 12 月第 1 次印刷
定　　价：	58.00 元

如发现本书因印装质量影响阅读，请与出版社发行部联系调换

引

  中山大学广州校区北校园居广州市越秀区红花岗畔,南临中山二路,北抵东风东路,西邻烈士陵园,东跨执信南路,俯望农林下路,坐落于广州市区中心地段,自岗上北延东扩开去。阅尽百载风云更替的校园,沉静面对园外红火繁华,园风安谧,气度清穆,百年医门肃正风节依然。

  百年校园,林路蔓蔓,名树荫园,卉青花秀,境静气雅,建筑典贵。矗立在以孙中山学医纪念像为前端的中轴线上的办公大楼、图书馆,以及中轴线东侧的医学博物馆,是为数不多广州现存民国初期建造、展现中西合璧建筑技术、具有历史纪念意义的建筑。其历经百载沧桑、风雨磨洗,仍较完整地得以保存,依旧殷红得典雅瑰丽,不改传承百年的风厚气重。此3栋建筑均屹立岗上,由现代高楼簇拥于校园之央,红墙绿瓦掩映于律动着生命气韵的医园绿丛浓荫。透树丛穿出的红楼彤辉与满园华树交相辉映,焕发百年弘丽气象。面向大门的岗顶上,朱楼碧塔尖指天际,将人的视线顺塔尖引向高天上;楼前一级级长石阶在两旁绿树清阴下顺坡铺落至大门后空地,年年进校的医科新生,一入校园大门,即可拾级而上,迈进医科殿堂。

  代代在此校园学成的医科才俊,齐集殿堂般的翠塔红楼前石阶上合影、共勉、告别,然后奔向四方,践行理想。

  校园内,林荫校道、翠映曲径,交织连接教学科研区、学生生活区、教工生活区,并与医院及临床教育基地相接。这里名师云集,菁华际会,代有风流。他们均在此开基拓业,继往开来,共铸医魂,同塑辉煌。无数祈圆医学梦的学子于斯医学梦园,神驰中国医学之云端霄殿,仰受春风化

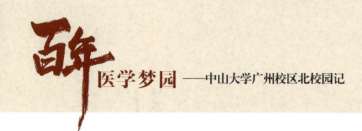

百年医学梦园——中山大学广州校区北校园记

雨般的仁心化育，迎接医科教育的淬火锤炼与浪击淘洗，承接一辈接一辈医科人传续不息的医魂，成为一代又一代中国医护药技精英。

跨越百年兴革变迁的校园，铭志中山大学医科伴随中国医学科学的发端、变迁、发展一路走来的历程，建碑待铭中山大学医科的未来，不断续建医科的理想梦园。

下面徐徐展开百年校园的历史长卷，渐次铺展校园的开篇（1916—1953年）、上篇（1953—2001年）和下篇（2001年至今），试求以集中、紧缩的笔触勾勒出校园的演进历程、兴革起落、曲折与成就，略述各时期校园与教学、科研、医疗的关系，略叙校园在主要发展时期教学、科研、医疗的状况，简述校园内重点建筑、各类机构、重要设施的建置、变迁、发展，探寻医学院校校园的特征及变化趋势，求索贯穿校园百年的医魂。在披览校园历史画卷的过程中，溯源启今，思往观来。

百年医学梦园

目 录

开篇（1916—1953 年）

- 2 —— 医学梦园的缘起
- 3 —— 筚路蓝缕，以建梦园
- 4 —— 从博济医院到岭南大学医学院
- 8 —— 光华医学院
- 13 —— 从广东公医学堂到国立中山大学医学院
- 17 —— 医科校园的构建
- 23 —— 开园
- 38 —— 医院大楼
- 41 —— 学校大楼
- 43 —— 校舍小红楼
- 44 —— 红楼群谱——校园精神文化的魂光

上篇（1953—2001 年）

- 48 —— 三院合并
- 52 —— 校园格局的奠定与兴革

百年医学梦园——中山大学广州校区北校园记

68	孙中山学医纪念像的建成
70	从医院大楼到办公大楼
72	从学校大楼到图书馆大楼
74	小红楼的变迁
76	病理学科楼
78	基础学科楼
79	生理生化楼
80	解剖学科楼
82	药理学科及寄生虫学科楼
84	动物场楼
85	永生楼
86	何母刘太夫人中心实验楼
87	校友会堂
89	体育运动场馆
95	工字楼与医院建筑群
99	附属第一医院曾宪梓大楼（医学影像中心）
100	附属第一医院检验楼（科研楼）
101	附属第一医院何善衡楼
102	附属第一医院院史馆
103	附属第一医院新邱德根楼

目 录

104 —— 附属第一医院后勤楼

106 —— 依托学校的兴革发展

下篇（2001年至今）

122 —— 两校联合

123 —— 校园的发展

134 —— 孙中山学医纪念像

135 —— 办公楼

138 —— 医学图书馆

141 —— 医学博物馆

144 —— 博济医院石柱

146 —— 保健科楼

148 —— 动物场楼

149 —— 老干处楼

152 —— 武装部楼

153 —— 何母刘太夫人中心实验楼

154 —— "人间天使"雕像

155 —— 医学科技综合楼

157 —— 医学标本馆

159 —— 3号医学科研楼

160 —————— 新教学楼

163 —————— 32层学生宿舍楼

164 —————— 中山大学光华口腔医学院楼

165 —————— 中山大学寄生虫学科楼

166 —————— 中山大学广州校区北校园运动场

167 —————— 中山大学广州校区北校园多功能体育馆

169 —————— 中山大学附属第一医院院区

171 —————— 中山大学附属第一医院门急诊大楼

172 —————— 中山大学附属第一医院柯麟楼（手术科大楼）

173 —————— 合校初期的医科

178 —————— **参考文献**

181 —————— **后记**

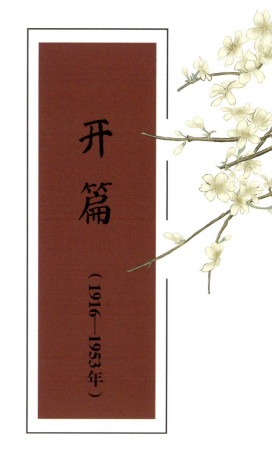

开篇

(1916—1953年)

医学梦园的缘起

中国近代西医在广东地区发端。这是得天独厚的外贸港地理位置、特定的历史政治条件、独有的人文传统、特殊的经济发展状况、西方传教士的作用等多方面原因使然。自古以来，广州都是中国对外贸易的重要港口，虽然随着各朝各代社会经济发展与对外贸易政策变化有过相对衰落，但2 000多年来其作为中国重要外贸城市之一的地位得以保持。在清代乾隆二十二年（1757年）至鸦片战争这一时期，广州是全国唯一的海上对外贸易口岸。海外来华的外国人一般只能进至广州，或止步位于珠江口的澳门。除个别人外，进入广州的外国人不能再去中国内地的其他地方。在近代中国广东引入西方医学的过程中，握有代理中国进出口业务权的广州行商阶层与西方来华商人起到一定的推动作用。行商推动西方医学的引入，是出于为外贸经济活动服务的需要。外国在华商馆的医生可在广州、澳门两地行医。从事外贸业务的商业机构的中国职员、中国外贸相关行业人士及其亲友中有人学习西医。西方商人与十三行的中国商人，联手推动西医在当地的传播。受过医学训练或有医学知识的西方基督教传教士，来粤后以行医辅助传教的活动，在当地传播近代西方医学方面起了重要作用。长期接触海外文化的当地人亦较易接受自西洋传入的西医。在中国近代前夜，西医传华的重心已由澳门移至五羊城下。因而，越秀山下珠江边的五羊城成为近代西方医学传入中国内地的首地。这里亦是中国近代医学科学的发端之地。随着鸦片战争的爆发，中国封闭的国门被强行打开，近代西方医学

开篇（1916—1953年）

最先经粤大规模传入中国。国门被打开后，当时中国先进的青年才俊从被动接受到为了救亡强国主动积极地学习包括西方医学在内的西方科学，促使近代西方医学源源不断地传入中国。部分较早接触西方科学文化的广东青年才俊率先迈进西方医学的殿堂，实现科学地治病救人乃至济世救国的梦想。中国医学的理想梦园开始在珠江边上筑建。

筚路蓝缕，以建梦园

对中国近代西医医疗机构的源头可远溯至中国近代前夜（1835年）建于广东省五羊城下的一家西医院——眼科医局（亦被称为新豆栏医局，后被称为博济医院）。1866年，美国传教士医师嘉约翰（John Glasgow Kerr）在博济医院内建成中国近代第1所西医学校。从我们掌握的资料看，这也是中国历史上的第1所西医学校。这所西医学校后来发展为岭南大学医学院。它与由始建于1908年的广东光华医学堂发展而成的广东光华医学院、由创建于1909年的广东公医学堂发展而成的国立中山大学医学院，于1953—1954年合并成华南医学院（以下简称为三院合并），然后历经广州医学院、中山医学院、中山医科大学和中山大学医科的发展过程。三院在发端、发展过程中互相影响，紧密关联，在云山珠水间启建中国医学梦园，成为广东省近代西医及其教育的主体，共同拼合出近代中国西医在其教育发端初期的曲折、复杂全貌，反映中国近代西医教育的发端和成型过程，构建中国医学院校的进程亦由此开启。

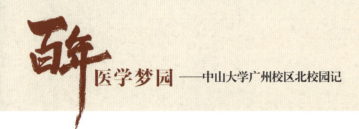

博济医院仁济街前门

 从博济医院到岭南大学医学院

  1835年，美国传教士医师伯驾（Peter Parker）在羊城十三行新豆栏街租下一座楼房，开办眼科医局。该楼共3层，第1层为地窖，第2层为候诊室、诊室和药房，第3层为手术室和可容两三人的留医室。后因病人增多，次年春获当时怡和行行商伍秉鉴（伍敦元）的捐赠，租丰泰行7号一座3层楼房用作扩充业务的院舍。这所医局最初坐落在羊城城外西南方

开篇（1916—1953年）

的外商社区中，规模不小，设有接待室、诊断室、配药室、手术室、观察室等。候诊室可以容纳200多人，病房可以容纳40多人。该医局具备近代化综合医院的诸元素，医治各科疾病。这是在鸦片战争后的中国国内最先发展起来的、影响较大、科室设置较完整的综合医院，后来易名为博济医院。

博济医院由美国传教士医师嘉约翰主管10年，已具相当规模，医院设备好，医师力量强，医疗水平高。经过历届收授生徒，特别是1861年和1863年2届生徒培训，已经具备开办医学校的条件。于是，他于1865年开始筹备在医院创校事宜。黄宽被聘到该校任教，与嘉约翰共同负责教学工作。1866年，他们在医院创建中国第1所西医学校，该医学校首届招生8名，学制3年。中国第1所西医学府的校园定址于此，这里后来成为岭南大学医学院的院址。西医学校创办后，开始系统授课，组织见习和实习，传播西方医学，对外扩大招生，培养医学人才。1868年，学生增加至12人，他们每周逢星期三、星期六在课堂听课，星期一、星期五出门诊学习诊治，星期二、星期四在手术室学习手术割治。学生作为助手参与医院日常事务、施药、手术割治等工作。黄宽教授解剖学、生理学和外科学。嘉约翰执教药物学、化学，关韬负责临床各科教学。博济医院所办西医校开设之初只招收男生，1879年接收2名女生入学。这是该校招收女生之始，亦是中国近代在医校培训女医生及男女同校之始。这所西医学府的校园与医院关系密切，体现医疗、教学、科研紧密成一体的特色。这种特色后来促进孙逸仙博士医学院（又名岭南大学医学院）的校园体系的形成与发展，亦促进广东公医和光华医学堂的校园特色的形成，对后来的中国医学院校的校园建设也有影响。

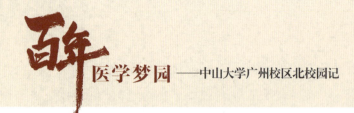

百年医学梦园——中山大学广州校区北校园记

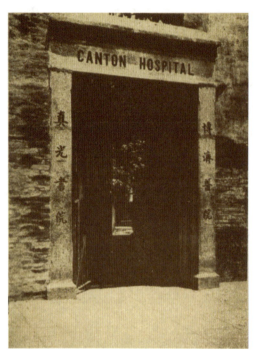

19世纪后期,博济医院大门外景。1866年创办的我国最早西医学府设在医院内

1886年,孙中山就读于博济医院所办的西医学校

  1886年秋,20岁的孙中山以"逸仙"之名就读于博济医院所办的西医学校。1887年9月,孙中山转学到香港西医书院。

  博济医院所办西医学校后来停办。

  1930年6月2日,医务传道会举行年会,决议将博济医院转交给岭南大学,此决议为岭南大学接受。1934年,岭南大学董事会提出,孙逸仙与博济医院有着密切关系,以其生前对博济医院的关怀,有必要纪念其功绩,遂成立孙逸仙博士医学院筹备委员会。

  1936年9月,岭南大学医学院正式成立。

开篇（1916—1953年）

　　1937年3月11日，岭南大学医学院大楼全部竣工，成为广州的重要建筑。重建后的博济医院保留其原有建筑风格，其主楼为西式建筑，拥有希腊式圆柱、圆环的墙贴面。纪念碑如利剑直指云霄，短而锋利，其锐利锋芒象征着要将治病救人的决心贯彻到底。至此，岭南大学医学院校园落成。

拟建的岭南大学医学院

百年医学梦园——中山大学广州校区北校园记

岭南大学孙逸仙博士医学院（又名岭南大学医学院）大楼

光华医学院

20世纪初，中国南方羊城诞生了中国第1所由民间集资、中国人管理与执教的西医学校——广东光华医学堂。

1907年冬，英国人经营的往来于广东与香港之间的佛山轮船上，发生一起英属印度警察踢死中国工人，却称死者突发心脏病身亡的事件。死者

开篇（1916—1953年）

家属与民众要求讨回公道，清政府却不能为民众伸张正义，令死者含冤莫白，致人死者逍遥法外。"佛山轮命案"触发民众长期积压的愤怒。在此社会形势下，广州医药界和工商界人士行动起来。医药界人士包括陈子光、梁培基、郑豪、左吉帆、刘子威、陈则参、叶芳圃、王泽民、池耀廷、伍汉持、苏道明、刘禄衡、高约翰、黄葶廷等，工商界人士包括沈子钧、邓亮之、游星伯、冯伯高、金小溪、罗炳常、邓肇初、梁恪臣、左斗山、梁庭萱、梁晓初、谭彬宜等。为了在医权上维护民族尊严，他们集合在广东省城天平街刘子威牙医馆，共商使用民间的资源和力量创办西医学校。这是中国民间人士第1次自觉地组织并兴办的西医教育学校和西医医院。

到会者一致认为"生老病死，为人类所不能免，而救同胞疾苦，国人实责无旁贷"。大家即席决定倡办医社，起草章程，向社会广募有识之士为社员，筹募资金，以创办"民办自教"的西医院校。"故本社创办医校、医院之主旨，乃本纯粹华人自立精神，以兴神农之隧绪，光我华夏，是以命医社之名曰光华。"

1908年年初，光华医社章程拟定公布。章程首条阐明：医社由"人民组织，办理医院以救济民疾，办理医校以培育医材"。该医社被定名为广东光华医社，实行"当年值理"和"总值理"制，自愿入社的社员都是"倡建值理"。该医社从中推举40名当年值理，再从中推举10名总值理，以扩大对社会的影响。是年，包括绅商易兰池在内的10人担任首届总值理，推举梁培基为该医社的社长。

光华医社主办的医学堂和医院同时在1908年春开办，其总值理们推举郑豪博士为医学堂校长；同时聘请陈衍芬医生主持教务并兼任医院院长。

按照光华医社的规定，该医社倡建值理，"每人均捐白银20元，作为

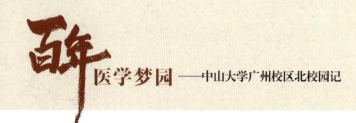

开办费"。众人捐钱垫款,定购位于广州五仙门内关部前(现在泰康路一带)麦氏的7间大屋(作为办校之地)。屋主麦楚珍原来以2万两白银出售,获知该医社将此屋用于施教济医后,"特愿割价四千两银,以作为义捐"。光华医学堂的校园在此建成。

光华医社

位于广州市泰康路的光华医院

1921年8月27日,学校获得广东全省公路处第480号训令转达广东省长公署第11989号指令"准获本省城大东门外造币厂路之和尚岗地,面积二十八亩余……为扩校院之用"。同年11月,学校按市价在和尚岗的东、西、南三面购得金氏房屋及地段(共有7亩余)。至此,和尚岗的35亩地成为该校投入建设新校的用地。光华医学院的校园辗转至此,正式落成。

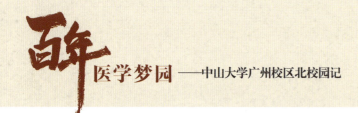
百年医学梦园——中山大学广州校区北校园记

广东光华医学院迁至先烈路后的校门

光华医学院药理学馆

开篇（1916—1953年）

光华医学院男生第一宿舍

从广东公医学堂到国立中山大学医学院

  1909年春，当时美国教会开办的博济医院所办的西医学校的学生反对学校不合理的措施，举行罢课。该校的美籍负责人关约翰开除学生冯膺汉、徐甘澍、方有遵等。学生坚持不复课，他就将学校停办。未毕业的在校学

生面临失学,便组织起来,奔走呼吁,请求广州绅商和各界人士相助。清末,广东知名人士潘佩如、钟宰荃、李煜堂、黄砥江、李树芬、赵秀石等40余人捐募资金,创办医校。

1909年2月15日,钟宰荃、区达坡、汪端甫、高少琴、廖竹笙、许序东、李璧瑜、陈宜禧、廖继培、刘儒廪、赵秀石、郑楚秀、卢森、李煜堂、易兰池、李若龙、余少常、伍耀廷、区祝韶、苏星渠、黄砥江、梁恪宸、高乐全、李子农、李超凡、李星卫、李子俊、岑伯著、潘佩如、李煦云、钟惺可、黄弼周、李梓峰、黄衍堂、彭少铿、叶颖楚、杨力磋、李惠东、杨梅宾、易尹堂、陈濂伯、关宾国、陈业棠、李庆春、刘英杰、徐甘澍、莫大一、高约翰等校董,于羊城西关租借十三甫北约民居以创办广东公医学堂。1909年冬,广东公医学堂租借长堤自理会铺地作为医校,购买紧邻的天海楼以建医院。该校有教室3间,可容纳100余人;还有理化学、组织学、病理学和微生物学实习室。由于地方狭小无寄宿宿舍,该校于是分租附近各街房屋作为斋舍,第一斋舍设于仁济大街、第二斋舍设于仁济横街、第三斋舍设于潮音街。距离虽不遥远,但依然不方便管理。1910年,广东公医学堂附属医院宣布成立,并于长堤天海楼投建。1911年,该附属医院落成。

开篇（1916—1953年）

1909年，广东公医学堂创办于西关十三甫

广东公医学堂在广州南堤

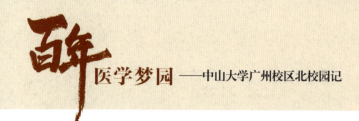

1912年6月，广东公医学堂呈请政府拨给百子岗之地，并于1916年举行新校园建设奠基仪式。该校园在此后数年间落成。

广东公医学堂学制4年。学生在第1学年和第2学年学习拉丁语及医学知识，在第3学年和第4学年学习医学课程。从一年级到四年级，学生都有实习任务。每学年分为3个学期——1月1日—3月31日为第1学期，4月1日—7月31日为第2学期，8月1日—12月31日为第3学期。1909年，监督（相当于校长）为潘佩如，教务长为达保罗，教员9人；1911年，教务长改为雷休；1913年，潘佩如改任校长。1912—1917年，该校在广州河南鳌洲分设女医校。1917年，学制改为5年。1924年8月，该校改称广东公立医科大学，学制改为6年。

1925年7月，广东公立医科大学并入国立广东大学。当时，广东公立医科大学"经费益增，捐款无着"，拖欠教职员工工资半年有余，负债10余万元，几乎破产，继而发生秘密买卖教育权之事。1925年6月27日晚，该校学生会执委会召开会议并决定"将公医归并广大""组织公医归并广大运动委员会，即席推举出何仿等十四人为委员""自议决日起全体一致不承认李树芬为校长、陆镜辉为学监，于风潮未解决以前，学校一切报告及文件概无效力"。1925年6月28日上午11时，学生会执委会在全体学生大会上提出上述决议案，结果全场通过此决议案。学生于是列队向"国民党中央"和国立广东大学校长请愿，受到中央党部陈公博、帅府代表李文范和国立广东大学校长邹鲁的接见，他们均"表示实行由广大接收该校"。至"该日下午4时胡代帅即批令国立广大校长即日派员以接收，并声明不准将学校卖与外人"。1925年7月1日下午，国立广东大学校长邹鲁派徐甘澍医生前往接收该校。

开篇（1916—1953 年）

国立中山大学医学院负责人的任命情况：1925 年至 1926 年 9 月为褚民谊（兼），1926 年 9 月为温泰华，1926 年 10 月至 1927 年夏为许陈琦，1927 年夏至 1928 年 2 月为陈元喜，1928 年 2 月至 1933 年 7 月为古底克，1933 年 7 月至 1934 年 7 月为马丁，1934 年 7 月至 1935 年 1 月为刘璟，1935 年 1—4 月为左维明，1935 年 4 月至 1937 年 6 月为刘祖霞，1937 年 7 月至 1938 年 1 月为梁伯强，1938 年 1 月至 1940 年 3 月为张梦石，1940 年 3 月至 1945 年 4 月为李雨生，1945 年 4—12 月为罗潜，1945 年 12 月至 1948 年 3 月为黄榕增，1948 年 3 月至 1949 年 7 月为梁伯强，1949 年 7—10 月为刘璟，1949 年 10 月至 1951 年 1 月仍为刘璟，1951 年 2 月至 1952 年为柯麟。

国立中山大学医学院的内部机构：1926 年 4 月 30 日，医科办事处（医科教授会）下设解剖学、生理学、病理学、外科学、内科学，附设第一医院、第二医院和护士学校；1927 年，医科教授会下设第一医院及附设护士学校、第二医院、细菌学研究所、生理学研究所、病理学研究所、解剖学研究所、药物学研究所；1932 年，医学院院务会下设第一医院、第二医院、附设护士学校、助产学校、细菌学研究所、生理学研究所、病理学研究所、解剖学研究所、药物学研究所。

医科校园的构建

要开办医学院校或在大学内设立医科院系，就必须建成一个满足医学

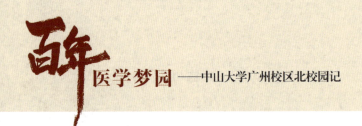

教育需要的医科校园。在中国近代最早开展医学科学教育的广东省城，从 19 世纪中叶始办中国近代第 1 间西医学校之时，就开启中国近现代医科校园的建设。在近代广东，医学院校建设最有代表性的是以博济医院所办西医学校为前身的岭南大学医学院、以光华医学堂为前身的光华医学院和以广东公医学堂为前身的国立中山大学医学院。这 3 所医学院各自在校园的建设上有重要成就，各有特点，又颇具共性，渊源颇深，相互影响亦颇深。岭南大学医学院、光华医学院和国立中山大学医学院的空间分布组合、建筑特性及其他校园建设要素的特征，在一定程度上都体现于国立中山大学医学院的校园之中，并且与同时代的一些中国医学名校的校园有相近的特点——都在追求建构理想的医科校园。岭南大学医学院、光华医学院和国立中山大学医学院在校园建设上，都体现与医学科学教育相适应的基本特征。前面简要概述了这 3 所医学院的校园所代表的广东西医院校校园的缘起，亦即中国西医学校校园之滥觞。在此尝试归纳它们的一些特征和要素，从而帮助了解建于百子岗上的百年校园发端时即具有并贯穿下来的一些特征和要素。这些特征和要素表征着构建近现代医学院校的一些基本条件。

医学院校开展高等医学科学教育，须立足于管理制度、教育体系、教学方式、学制结构、课程设置、资源配置、师生比例及生源方面，体现在校园建设上，即为功能分区、交通流线、空间感受、建筑功能等。岭南大学医学院、光华医学院和国立中山大学医学院在校园建设的这些方面均做出相应的努力，并在各自的校园建设上各有建树。由于国立中山大学医学院具有前述资源和空间上的条件，故而在校园建设上具有代表性。

岭南大学医学院、光华医学院和国立中山大学医学院在校园布局上，均体现教学建筑、医疗单位和科研机构三位一体的医学科学教育的重要特

开篇（1916—1953年）

征。一方面，校园内，教学建筑、医疗单位、科研机构布局合理，相互联系紧密，彼此的人员往来和物流传输便捷。另一方面，校园又具有相对的闭合性和独立性，校园内的教学单位只有医科院系及相应的医学教育服务部门，以保证体系庞大、严密且内部各部分复杂衔接的医学教育有序、完整地进行，使医学教育极为严格的教学秩序及相当紧凑的学习节奏得以维持。

教学建筑及教学设施充足齐全，各种教室、实验室、阅览室等配置齐备、分布合理。医学教育重视对学生基础知识与基本技能的培养和训练，学校必须有充足的教室、阅览室、图书馆等。而且，医学教育极为重视实践能力的培养、实际操作技能的培训，要有供学生参与实验和观摩手术等治疗过程的条件。岭南大学医学院、光华医学院和国立中山大学医学院对各类教室的建设都极为重视。

医学教育还重视科学研究，医学教育的科学研究与教学紧密地结合在一起。科学研究与教学结合起来的基础是建设好实验室和医院，并使其成为医学院校极为重要的一部分。科研机构本身亦是教学场所。医学院校内要建有足够的分布合理的科研机构。

19世纪后期，当时医学教育潮流主张医学教育中的科学研究应与教学结合起来。医学教育的目的不仅是培养医生，还应当培养既可从事临床工作又可进行科学研究的医学科学家。为了把科学研究与教学结合起来，必须建设好实验室等场所。这种理念首先在当时世界医学科学的中心——德国践行，后来由20世纪初崛起并逐渐被领先于世界的美国医学教育界所力行，并且渐成20世纪世界医学教育界的主流认识。岭南大学医学院、光华医学院和国立中山大学医学院在科研机构的设置上，都追随了这一主流认

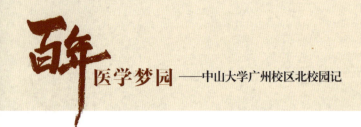

识，各自在其校园内设置科研机构。在校园内，科研机构分布合理，有力地支撑教学。例如，国立中山大学医学院设置的科研机构有着较强的基础科学研究能力，支撑和提高其附属医院的医疗水平。与此同时，该校大力开展医学科学研究，也为提高中国的医学水平做出贡献。

世界医学教育进入近代的实验医学时代后，就与临床实践紧密相连。近现代医科教育重视临床医学教育和医疗护理实践，高水平的教学医院可为医学院校的学生提供充足的实习、见习条件，有利于培养高素质的医护人才。这些教学医院收治大量的病例，包括罕见病病人、危重症病人，为医科学生的学习与临床实践、医学科学研究提供充足的病例。此外，医学院校的许多科研机构设置在医院内或与医院紧密相连，其科研水平几乎能反映整所院校的临床科研水平。

教学医院必须依托医学院校的科研力量及综合条件，医学院校的水平和地位直接影响其附属医院的医疗水平和地位，医学院校对提升其附属医院的治疗能力及检验能力大有裨益，这使其附属医院一般能成为当地医疗水平最高或较高的医院。与岭南大学医学院相连的博济医院、与国立中山大学医学院相连的附属医院，都代表当时、当地最高的医疗水平。它们都是全国一流的医院；光华医学院的附属医院是当地著名的医院；光华医学院在和尚岗北侧建立的附属传染病医院，更是当地大型的传染病医院，对本地传染病防治影响较大且深远。因为医学院校的附属医院与教学医院在医疗、教学、科研各方面的影响如此深远，所以校园教学科研区与教学医院的紧密联系也就非常重要。

每所医学院校至少要有一所附属医院与教学医院，而且至少要有一所距离医学院校较近的附属医院和教学医院。岭南大学医学院、光华医学院

开篇（1916—1953年）

和国立中山大学医学院的校园布局都体现校园与教学医院的密切联系。岭南大学医学院和中山大学医学院的附属医院与医学院紧密相连，光华医学院的学校与附属医院也紧密相连。

高等院校的校园环境幽美宁静，能让学生安心学习，教师全心教书，研究人员全力开展研究。医学院校的学制较长，课时较紧凑，科目较多，学习生活较紧张。一个幽美怡静的校园有利于医学院校学生的学习生活、教师的教学工作和科研人员的科研活动。岭南大学医学院、光华医学院和国立中山大学医学院都有一个较为安静幽美的校园。园林式校园宜于学生学习、教师施教、科研人员研究。植物景观（如草坪、花卉、灌木、乔木等）能使校园环境更加美观，并能净化空气、调节气温，还有消减噪音、防晒、防风、过滤粉尘等功用，为学习紧张的医科学生营造较好的学习环境。这3所医学院都注重塑造草木花卉优美的校园环境。

有历史意义的建筑、独特的校园景观皆是医学院校精神文化的物质载体，使医学院校布局及校园建筑具有文化性，潜移默化地影响医科学生的品格和精神，起到辅助教学的功用。每所高等院校都有其传承不息的精神文化，既凭此激励师生员工奋发学习、潜心研究、努力工作，又凭此延续这所学校生命的灵魂。这种文化既通过形而上的精神传承，又物化于校园的建筑，使特定的物质形式成为精神文化的载体。世界上不少声誉卓著的高等学府都有承载校园精神文化的建筑，医学院校亦如是。

岭南大学医学院、光华医学院和国立中山大学医学院校园的核心建筑均具有深刻鲜明的文化性。例如，岭南大学医学院校园落成时，主楼为西式建筑，附以希腊式圆柱、圆环的墙贴面，纪念碑如利剑向天直指，锋芒锐利，象征着要将治病救人的决心贯彻到底。国立中山大学医学院开园时

· 21 ·

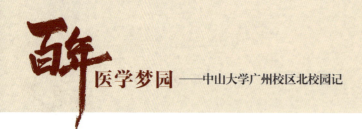

建成的红楼既散发欧陆之风又兼具中华传统古风,中西合璧,体现现代科学文化与民族传统文化的有机融合。光华医学院校园建成后,其建筑亦有鲜明的文化性。

由于医学院校主要是医科院系集合之地,校园的内在空间有相对的闭合性,精神文化上的趋同性比拥有多学科的院校的强,易于形成独特的医科精神文化。而医科精神文化的传扬,有利于激励学生奋发学习与钻研,促使教职员工勤于业务,奋力教学和进行科学研究。医学院校建筑的文化性对形成与传承医科的精神文化,乃至培养良好医风,铸造医魂,皆大有裨益。

岭南大学医学院、光华医学院和国立中山大学医学院在校园格局及校园建筑上,其风格和形制俱以当时先进的西式医疗建筑与医学教育建筑为主,采西洋自由之风华,然而三者又有差别——岭南大学医学院的基本是西式;光华医学院的以西式为主,兼采华风;中山大学医学院的核心建筑中西合璧,以西式为主,西式园林又透出中国岭南的风致。

岭南大学医学院、光华医学院和国立中山大学医学院都注重与自然环境相适应,体现在建筑上,讲求适应华南地区羊城的亚热带季风气候条件,如当地夏季高温多雨、闷热湿重,常有台风,雨水、涌水、江水丰沛,易造成内涝。因而这3所医学院及其附属医院的建筑物及庭院,均讲究具备遮阳、挡雨、通气、排水、防风的功能,还注意利用当地的日照条件采光。

为尽量保证学生在校园里学习、生活愉快,并取得更好的学习效果,医学院校为学生提供较好的生活设施。岭南大学医学院、光华医学院和国立中山大学医学院的学生宿舍、饭堂、运动场所的建造水平较高,分布合理。

开篇(1916—1953年)

1912年6月,广东公医学堂呈请政府拨给百子岗等处作建设用地。百子岗等处的取得,以在百子岗开办诊所为先导。先是广东公医学堂同人设诊所于东川马路的三巩门,赠医施药,以便东关居民就近到诊。该校同人发现百子岗等处,于是呈请政府拨给。政府核准后拨蟾蜍岗、百子岗等处给该校。

该校于是在1913年2月先用铁枝、铁丝将蟾蜍岗、百子岗等全岗圈围,以定界线,接着在报纸上登广告及派发传单要各坟主领费迁坟,限至当年9月。如逾限不迁,则由该校代迁。补费自迁的近3 000穴,由本校代迁的5 000余穴,用款20 000余元,该校得公地64亩。此外,该校还购买了毗连的土地。此后,新校址用地因社会形势变化经历了得一失一复得的过程。1916年11月25日,该校举行新校园建设奠基仪式。随着校园之落成开放,一座医学科学的殿堂自此矗立于岭南的珠水云山之间,百年医学梦园从此开启大门,迎纳医科学子,送出学成才俊。

1918年,该校的百子岗新校园(后文简称百子岗新校园)落成,距离长堤本院约6里,距离大东门约半里。新校园面积约100亩,分上、下两

---

① 中山大学档案馆、中大医学院暨附属医院研究所的简史,中山大学医学院1950—1953年第3卷,2-1926~1953.1-XZ1100-003,第1-60页。

岗。上岗高于下岗，下岗高于东川马路40余"尺"①。上岗建校舍，下岗建医院。两岗之中，有花园及绒球场。该校的大楼后面有足球场、排球场等。两岗均已开辟大路，旁植乔木。校舍能容纳学生300人，医院能容纳病人400人。校园里竣工建筑4座。

百子岗新校园落成

医院大楼

---

① 中山大学档案馆、中大医学院暨附属医院研究所的简史，中山大学医学院1950—1953年第3卷，2-1926~1953.1-XZ1100-003，第1—60页。由于原始文献没有标示"尺"是市尺、英尺或公尺，有关职能部门亦未能确定是市尺、英尺或公尺，因而按照原文录用。

百子岗新校园有学校大楼1座,楼高2层,用地9 600平方"尺",内有复合式实习室6间,每间附设教员预备室、教室共2间;礼堂1座,能容纳500余人;事务室4间;图书室1间;售书室1间;教员会议室1间;储藏室1间;工人住室1间;浴房、厕所均备。该校大礼堂的东座楼辟有研究及制造室1所,内设教授室和助教室各1间;研究室内配备显微镜组织制片机件,制有组织标本4 000余件,另有绘图台及显微镜25架。

百子岗新校园有解剖室1座,楼高2层,用地1 250平方"尺",距离学校大楼约400"尺",内有解剖台12张,其中的8张置全尸,4张专置尸体局部,能容80名学生实习,下层暂时用作洗衣房。1928年10月,解剖学研究所成立,有大课堂及显微镜实习室1间(用作授课及显微镜实习)、殓房1间、地下浸尸池6个、注射室1间(以保存尸体)、尸体储藏室1间和尸骨浸渍室1间。该校在课堂的南侧另开挂图室(内有大彩色图460余幅)和标本模型供览处(用作上课及课后指示说明)。解剖学研究所东侧即为解剖室,其下层洗衣房改设标本陈列室1间,室内有大量骨骼标本、各种脏器标本及模型,其中从德国寄来的模型和脏器标本有16箱。

国立中山大学医学院解剖学研究所

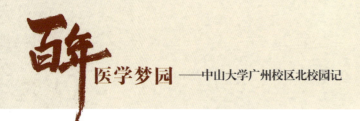

百子岗新校园有留医院1座，楼高3层，前面另有土库1层。用地15 500平方"尺"。98间房室用作看护住室、膳室、厨房。该校有头等留医舍34间，加上普通留医舍，能容纳病床86张，供临床教学、学生实习所用；特别手术室1间、普通手术室1间，能容纳学生80人；附设盥洗消毒器械、施麻蒙药裹扎各室，检验室1间，事务室1间，招待室1间。药物室在第1层中央；储藏室又为光镜室，在第2层中央；东西医舍的边上，每层另设别室存储医舍日用必需之物。院内冷热水喉均备，凡病人入院，均经土库。病人先沐浴更衣，才入医舍。

百子岗新校园建"赠医院"1座，楼高2层，用地1 820平方"尺"。该医院建在东川马路之旁，离留医院约300"尺"，内分设内科、外科、妇科、眼耳鼻咽喉科等诊室，以及手术室、药物室、电疗室、候诊室、阅书室、浴室、厕所均备。

四座建筑的楼板、楼梯和天花板均由三合土填成。以上建筑及家具费用合计银两18万余元。

百子岗新校园初建时即已具备当时先进的医学院校体系。

校本部有大型建筑3座——校本部学校大楼、解剖室和宿舍；留医院1座；小型建筑物6座——教员休息室1座、教授住室4座（后改为附属医院各科主任住室）、洗衣房1座（此时洗衣房已独立）；8间课室、1间实验室和1个容纳500多个座位的礼堂。大楼通道两旁有院长室、教务室、文书室、庶务室、会客室和图书室。解剖室设备供解剖科专用。学生宿舍有4层，寝室共50多间，每室住4人，电灯及卫生设备齐全。管理机构、教学设施、科研设施、生活设施及各类辅助设施配套齐全，分布合理。

百子岗新校园初开，在布局上就展现教学、医疗和科研形成的紧密一

开篇（1916—1953年）

体特色。教学、医疗和科研互相促进，有利于学生较早地接触临床及科研，让学生在浓厚的医学文化氛围中成长，把学生培养成高水平的医疗人才。该校的科研机构分布合理。科研机构既是进行科研的场所，也是开展教学之地，如几个研究所的科研与教学的设置。医院大楼既是开展医疗活动、治疗病患的地方，也是开展临床医疗科研的场所，还是对医学生进行医学教育之地，教学、医疗和科研紧密一体的特征在此得到充分的体现。学生在医科实验室、研究室密集的环境中生活、学习、研究，这对其科学精神的培养、职业心理的训导、医者情怀的培育、医疗作风的淬炼都非常有利。学生在规范地学习的同时，紧靠科学研究的实验场地，由各种途径近距离接触、感受、了解科研的最新动向，能亲身接触和了解中国一流医学家及科研人员的风范。

教学医院承担医学院的临床教学课程和临床科研项目，这有利于医科教育的发展。因而至少有一所医疗水平高的附属医院紧贴医学院校或与校园距离较近，让学生在与医院一体的校园中生活和学习，强化了与医院文化密不可分的医学院校文化对学生的熏陶。该医院与校园的教学区、生活区紧密相接的布局，有利于医学各科人才的培养，方便学生开展临床实习、见习和进修，还能让学生较易接触急症、重症、特殊病例。在20世纪50年代前期就学于中山大学医学院的老专家，清楚地忆述他和全班同学在半夜被唤醒去手术室观看紧急实施的大手术的经历。

这种校园布局在该校于西关初建时，就已经初见雏形，与岭南大学医学院、光华医学院的校园布局相同或相近。这一校园格局，在三院合并后得到保持和发展，展现中国从近代至现代的医科高等院校的一大校园模式。

百子岗新校园高居岗顶再伸展开延，随地形自然起伏成园，兼具中西

百年医学梦园——中山大学广州校区北校园记

园林之风。佳树高挺，成林漫荫，花灿卉集，青草如茵，碧林翠梢掩映簇拥着一座座红墙碧顶的律动着欧美光韵又耀映中华辉彩的楼宇。医院大楼、学校大楼等绿檐翠顶红楼正居校园中轴线上，校园其后的100余年的发展亦以此为基轴展开。校园的中西合璧流风体现初建校园的一代开创者对近代科学文化的认同和对民族传统的尊崇，亦定下了其后百年校园风格的基调。红色楼群从此耸立岗上，参与校园内外的历史变迁，与校园共历百年起伏发展。幽静校园内，林丛参差有序，树木葱茏，荫影满地，叶梢掩映楼房园径，为炎热的广州夏天校园带来清凉。校园中灌木连丛，花集成圃，藤卉攀架，草坪青青。春来花光叶照明媚，树色草泽一新，彩影清辉流转；入秋后枝头仍翠，草色还绿，花逢玉露清丽；深冬时分园中碧荫印照、花影投映，岁寒不褪一园丽色，四时馥芳沁园。校园人行道两旁遍植红花和灌木。春夏之交，红花绽放，一个幽丽安适的林园与实用型医科校区融为一体。校园建设既符合近代医学院校的特征，又适合华南地区的地理环境，适应地处北回归线上的广州夏天的炎热天气。校园种满宜于在亚热带生长的树木花卉，满目西式园林风情，又处处兼透中式岭南园林韵致，丰富的校园景观悦目怡神。校园建筑注重通风、防晒、防雨。这些特征在以后校园的发展中得到保持。

　　由校外进入校园，可由在校园偏西南的门口入内。若再入内，要从医院大楼旁边经过或穿过医院。

开篇（1916—1953年）

国立中山大学医学院大门

医院大楼由葱茏茂树拱护着，高耸岗顶前部，俯临百子路，环视校园。建筑似欧洲古堡，又融入中国传统建筑元素。要进入医院中间正座，可由石阶拾级而上，经医院前门进入。公医并入广东大学（即后来的国立中山大学）后，医院前门两旁添石刻对联"医病医身医心""救人救国救世"。这副对联体现医学院所秉持的办学理念与对医学生求学目的的冀望，宣示萦系校园的医魂。医院正座两旁建筑物，其外形为圆柱状，共2座，耸立岗上，楼高3层，墙红瓦碧，尖端直耸云天。

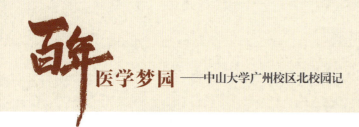

医院大楼

国立中山大学附属医院高级护士学校第 15 届毕业生留影

开篇（1916—1953年）

国立中山大学医学院门口

由百子路进入大门时，即见东侧的一座房子，那就是医院的门诊部，各科门诊室均在此。经大门继续入内，便是一条用三合土筑成的行人通道，直通医院大楼和医学院大楼，路面宽度可驶汽车。通道的东面山岗上为弘丽的医院大楼全座建筑。通道西侧的第1座洋房为药物研究所。向前步行而进，有眼耳鼻喉科诊疗室。再行数步为小儿科病室。通道直达山岗后部，便可看见医学院的办公大楼矗立其上。楼下为大礼堂与办公室。楼上及西厢为课室，生理学、细菌学、外科学、内科学、诊断学、寄生虫学课程均在此开展。东厢有细菌研究所、生理研究所各1间。病理学研究所在岗之东麓。解剖研究所和男生宿舍都在岗之北麓。医学院大楼和附属医院大楼均筑于山岗上，坐北向南，形格宏丽，势扬气稳。

国立中山大学医学院病理学研究所大讲堂（阶梯课室）

国立中山大学医学院病理学研究所课室

开篇（1916—1953年）

　　人行道的尽头，便是男生宿舍。这是一座4层楼欧式建筑。由第1层沿阶而下，饭堂在地下室，有门可通厨房。第1层至第3层为学生寝室，第4层为储物室。第1层高出地面约10级台阶，有会客室，有电话1台，来访的宾客由门房通报。宿舍前，卉秀草青，红花羊蹄甲高放。冬末春初，紫花盛开，如凝紫云一朵。

男生宿舍

　　女生宿舍则位于附属医院后方的东北面，有花棚小径与医院后门相连接，花木扶疏，姿英彩丽。

　　校园内，充足的体育场地及完备的体育设施布局合理，并与校园环境相谐和。上岗与下岗之间建有花木周绕的绒球场。在上岗学校大楼之后，葱茏茂树、翠草鲜花中建有足球场、排球场等运动场所，使学生在紧张的

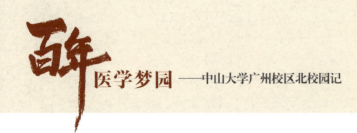

医科学习环境中既可锻炼身体,又丰富了校园生活。

体育场地

校园开园后继续发展。校园内医科科研机构建筑的持续建成及合理布局,体现其科研水平的迅速提高,医科校园的特征也更加显著。如前所述,从19世纪后期到20世纪初,医学教育界主流主张在医学教育中将科学研究与教学结合起来。医学教育不仅为了培养医生,还应当培养既能从事临床工作又能进行科学研究的医学科学家。为了把科学研究与教学结合起来,必须建设好如实验室等科研机构及设施的医学教育理念,成为世界医学教育界的主流认识。百子岗新校园内医科科研机构的建筑水平,如病理学研究所楼、药物学研究所楼的建成,正是跟随科学研究与教学紧密结合这一先进的医学教育潮流。

病理学研究所成立后,提供研究用的标本材料逐渐充足。又经学者争取,校园新建研究所1座、动物饲养棚1座。新研究所为2层楼房,楼下东边有课室、实习室。课室可容纳 100 人左右，实习室可同时供 50 名学生实习。中间有培养基室、消毒室、办公室、更衣室、疫苗室、包装室、破伤风毒素室、冷藏室、毒室、制造室、孵卵室和血渍凝缩室等。西边有陈列室、血清过滤室、采血消毒室、全身采血室等。第 2 层楼东边有寄生虫学部，设置大小研究室四五间。中部有细菌学部和血清学部，共有实验室10 余间、职员住室 5 间、集会室 1 间。西边有图书室、绘图室各 1 间，卫生学部的研究室三四间，储藏室 1 间。

国立中山大学医学院病理学研究所

1929 年 8 月，校园建成新药物教室，并成立药物学研究所。药物学研究所有特建房舍 1 座，化学实验室 2 间，课室、主任室、助教室、陈列室、平秤室、仪器室、化学药品及玻璃贮藏室、图书室各 1 间；另设有兽棚，

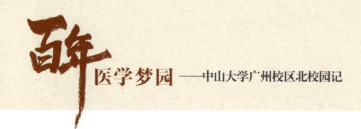

用于畜养实验用的兽类；配备的仪器有蒸馏机、自由旋转离心机、化学分析天平、检验混合药粉用的矿石电分析灯、检验血压机、人工呼吸机、写弧线机和心脏分离机等。

国立中山大学医学院药物研究所

百子岗新校园开园之后，校园建设一直有所发展，直至20世纪30年代后期才告一段落。百子岗新校园开创的布局与建置、所拥有的较大空间，为后来校园的大规模发展、医学院校格局的奠定创造了有利条件。

抗日战争时期，医学院曾搬离百子岗新校园，在艰难的条件下辗转办学。直至抗日战争结束，医学院又搬回这一校园办学。

百子岗新校园建成后，依托校园的医学体系，在教学、医疗和科研各方面开始成体系、大规模、较为迅速地发展。

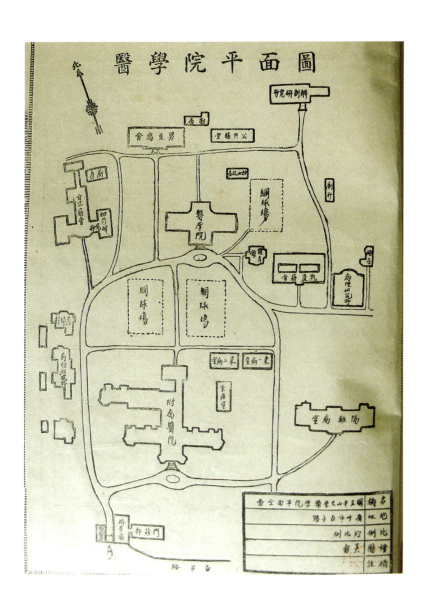

医学院平面图

医院大楼于 1916 年 11 月 25 日奠基，由广东省省长朱庆澜和广东督军陆荣廷立石。此楼由谭胜设计，始建于 1916 年冬，1918 年 3 月竣工，工程造价 195 000 元。当时适逢第一次世界大战，钢材缺乏而且价格昂贵。为了节省资金，楼面采用毛竹代替钢材。该楼建成之初，成为广东公医医学专门学校的医院用房，1926 年该大楼用作国立中山大学医学院附属医院留医部。

全楼平面呈十字形，居于岗上。大楼建筑既是欧洲医院传统形制，又是近代欧美医院的基本样式，还是近代西方医学大规模传入中国时代在华西医院采用最多的样式。宏壮大楼依山岗而建，正面朝南背北，楼墙朱红，檐瓦碧绿，混合结构。花岗岩石砌筑基础层，"用地 15 500 平方'尺'"，楼高 3 层，分前后两座并廊连室接一体。两座间有天井，建有地下室。总面阔 93.5 m，总进深 61.5 m，建筑面积 5 750 m^2。楼体呈欧洲古典主义风格，又谐融中国建筑流风。

大楼前座正立面为柱廊式，水刷石米的爱奥尼柱式巨柱贯通第 2 层和第 3 层，底层以砖砌方柱承托。前座两旁、东西两翼外侧及西翼后座的西端共 5 处建有高 3 层的圆形角楼，高耸于山岗上；后座碌灰筒瓦，悬山顶。彤红砖墙、典雅石栏，散发着欧陆之风。哥特风格尖顶覆盖中式琉璃绿瓦，又兼融中华传统古风。奇兀超越、恢弘傲挺的西洋风，与敦稳厚重、雅贵静穆的华夏风相互辉映交融，合璧于一楼。大楼的艺术风范，一定程度上

开篇（1916—1953 年）

折映近代前中期那一代学兼中西的知识分子的情怀追求与审美意趣，反映他们对中国先进医学建筑所应有风格的认知。

大楼建成之初，共有房舍 348 间，其中留医室 83 间，病床 178 张。除用作医院内部留医病房之外，有 1 间医学临床课室，供四年级和五年级的学生上临床课。另有 1 间大型外科手术室，该手术室分上、下 2 层，下层中央有手术台，为施行各种大手术的场所；上层的中央为一大圆形通窿，通窿周围环绕着梯级式座位，犹如看台，向下俯视，可见手术进行的全部过程。遇有特殊外科病例进行手术时，四至六年级的学生都可以坐在上层看台，俯视手术进行情形以观摩学习。教授则在手术施行时随时讲解病例特点及手术应注意的细节问题，学生做笔记。医院大楼作为当时中国的先进西医院所，所需的医疗及检验设施均齐全；同时，一所教学医院所需具备的临床教学设施也齐全。这栋医院大楼在当时是一座先进、规范的教学医院建筑。

在大楼后座有斜道，以便经斜道用车床推送病人上下楼，亦可利用斜道用手推车推送所需用品上下楼。斜道与各层廊道相衔接，交织成流畅的交通网。

这座医院大楼集中体现医学教育教学、医疗和科研三位一体的特征。这是一家医院，也是开展临床医疗科学研究的机构。作为一所教学医院，其又是对学生施教的教学场所。这座规范的、在当时是先进的医院大楼的建成，大大增加医院的空间。配置了先进的医疗设备，为医院的跨越式发展提供了基础，医院的医疗水平得到飞跃发展。医院大楼也为临床科研提供了较好的条件。医院大楼按教学医院的范式建成，这使学校临床教学能力上升至更高层次。这座大楼在构建上满足教学、医疗和科研的需要。

医学梦园——中山大学广州校区北校园记

医院大楼 –1

医院大楼 –2

开篇（1916—1953年）

学校大楼于 1916 年 11 月 25 日奠基，由广东省省长朱庆澜和广东督军陆荣廷立石，始建于 1916 年冬，竣工于 1918 年 3 月，工程造价 211 520 元。此楼由谭胜设计，位于学校校园中心。这座近代西式兼融华风的新型高校大楼，矗立于参差苍翠林中，坐北面南，朱墙碧瓦，气度敦重，一派森严典丽学府雅风。楼高 2 层，建有地下室，用地 9 600 平方"尺"，建筑面积 3 351 m²，楼面也是采用毛竹代替钢材。四周佳树掩映，绿荫环绕，枝影垂窗，花圃傍建。该楼建成后，曾用作当时私立广东公医医学专门学校及后来的广东大学医科、中山大学医学院的校舍。这是一座具有欧洲古典主义建筑风格的建筑，兼具中华建筑风韵。学校大楼的建筑风格与医院大楼的相似，但与昂立耸挺的医院大楼相比更显势缓气平，显现学校建筑的实用性。

此前该校在羊城长堤天海楼左邻潮音街口租赁公理会房屋作校舍，迁移到百子岗新校址后，以新建的大楼作为当时的新校舍。

学校大楼建成之初，有大礼堂 1 间、教室 3 间，生理学研究室、解剖学研究室、细菌学研究室、校长室、教务室、教授图书室、学生图书室、出版图书室、细菌动物饲养室、生理动物饲养室等各 1 间，办公室 2 间，另外还有工人房和清洁室。

抗日战争时期，这里曾是侵华日军细菌战的广州大本营。

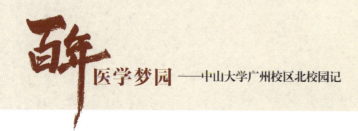

抗日战争结束后,这里经修整后再度被医学院使用。

校园初建时的学校大楼-1

校园初建时的学校大楼-2

开篇（1916—1953年）

校园初建时的学校大楼 –3

校舍小红楼

校园东侧的一座中西合璧、以欧洲古典主义建筑风格为主的3层小红楼，竣工于1925年，工程造价6 090元，建筑面积350 m²，室内面积278 m²，当时作为学校的校舍。

百年医学梦园——中山大学广州校区北校园记

小红楼

红楼群谱——校园精神文化的魂光

　　医院大楼、学校大楼和校舍小红楼的体型不同，各有风格，但共有的中西合璧之风，折映初创校园那一代知识分子尊崇现代科学与敬尚中华传统合一的思想精神。建于校园初开时作为校园核心建筑的三栋红楼，为校园精神文化的标志。

　　医院大楼、学校大楼和校舍小红楼的中西合璧建筑风格出自设计师的设计构思，体现开建时中国城市建筑的时风。设计师的设计风格、时代的建筑流风契合了确定校园建筑样式的那些知识分子的精神追求、审美意趣和现实需求。大多数从创建广东公医学堂到开建百子岗新校园的知识分子，

开篇（1916—1953 年）

或受教于中国第 1 所西医学校——博济医院所办的西医学校或公医。他们或具有留学西方或在中国香港、澳门学习和行医的经历，或为自欧美国家来华的医学界和宗教界人士，均接受过系统、全面的科学文化教育。他们选择的医疗建筑样式与医学教育建筑样式，是当时最先进的西式的医学教育建筑样式。又由于这些知识分子大多数是生长于中国国土上的中国人，自幼接受中国传统文化教育，必定愿意在工作与教育人的楼宇上葆有中式传统建筑风格。于是，中西合璧之风就体现在校园的这 3 座主要建筑上，并使其成为衍释校园精神文化流风的载体。

红楼三栋，沿用哥特式跨越起伏的楼顶。下岗上红楼的一座座耸入云天的圆塔，仿如一曲曲飞声入云又骤然流音飘下的跌宕长歌，透现随跨洋西风而至的慕高尚尖的激越超拔神采，又融中式的勾角曲檐于一体，更添灵变风神，仿若旋律在升降中急转变奏，宛在唱颂竞上追变的一代校园时风。殷红三楼，又均具中华自古传承的对称稳厚的建筑流风，散发中华建筑文化烁古耀今的辉芒，再与稳固的西式的圆柱和石基共合一体，展现久经风雨仍存的强固之力，如旋律舒缓渐远的长号，余音久久回荡。象征西洋热烈的红、蕴藉中华敦重之朱，统一于楼墙上那一片能激发梦想的朱红。红墙顶上中式琉璃的一抹碧绿，展现让人宁神静气而能行稳致远的清贵。

随同校园一起出现的三座附丽医科梦园魂光的红楼，鼎立围合成校园空间与文化的向心地，并默然影响此后校园的百年变迁与发展。

上篇（1953—2001年）

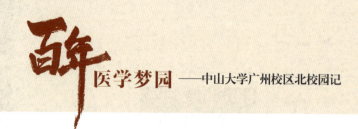

三院合并

20世纪50年代,全国高等院校调整,国家在1952年对全国医学院校进行院系调整,将中山大学医学院和岭南大学医学院合并组成华南医学院,以集中力量使华南医学院成为华南的医学中心。院系调整在中南军政委员会教育部和卫生部的直接领导下进行。1953年8月12日,两学院正式合并成为华南医学院。一年后的1954年8月,广东光华医学院并入华南医学院。20世纪50年代始,随着中山大学医学院、岭南大学医学院、光华医学院在中山大学医学院校园合并为华南医学院,校园又进行调整,强化并确定了校园由中轴线铺展开来的发展格局,医学院的附属第一医院延扩至马棚岗。三院合并后校园传统风气集聚于华南医学院校园,兼容兴革,焕发新风。

三院合并后,学校依托校园行经华南医学院、广州医学院、中山医学院和中山医科大学的近半个世纪发展历程。

华南医学院成立典礼(1953年8月12日)

办公楼

广州医学院纪念孙中山先生 90 周年诞辰

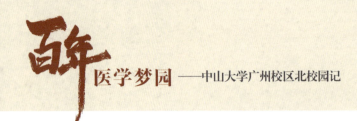

中山医学院校门（20世纪80年代初因扩建中山二路被拆除）

中山医学院办公楼

上篇（1953—2001年）

中山医学院校门

中山医科大学正门

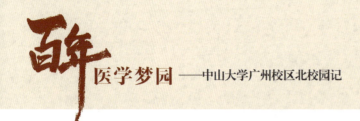

中山医科大学命名大会

校园格局的奠定与兴革

20世纪50年代，三院合并后，华南医学院校园择定在现中山二路，在中山大学医学院校园的基础上集3所院校校园的优长重构发展，成为广东最高医学学府的校园。

三院合并后的校园建设在中山大学医学院校园的基础上进行。原来的校园中西合体侧重西洋风格，从校园建筑到校区林园风格皆然。三院合并

上篇（1953—2001年）

后，校园开始重构改造，以中轴线为中心的校园发展格局得以明确与强化。中轴线是校园建筑组合常用的手法。校园的轴线强化了对空间不断体验的感受，通过校园空间的对比和变化、重复和再现、交叉和层次、引导和暗示，借助物化的实体与留白的衔接和过渡，形成有节奏的空间序列。以轴线来组织校园的空间组合方法经常被应用。中国和欧洲的古典建筑群体所采用的轴线，常常是一种严格对称的中轴线。将这种轴线应用到医科校园的院校组合上，容易形成整体感，凸显医科教育严谨肃正的学术氛围。20世纪50年代，我国医学院校的校园也接受苏联的校园建设模式，构建趋向主楼和周边对称的格局，形成由中央有序铺展开来的建筑概貌，展现威严宏大的气派，昭示规整集合之势。这也契合中国传统建筑按中轴线布局的要求，形成向心归拢的态势，务求统一和谐之美。如此，三院合并后沿中轴线展开的校园布局已属必然。中山大学医学院校园布局已有从医院大楼到学校大楼的轴线，不过，校园的总体布局与林园构建仍有着欧美式的自由之风。校园大门靠西南开设。三院合并一段时间后，校门移至正对办公大楼（原医院大楼）、图书馆大楼（原学校大楼）的中轴线上，大门后留有一方空地。办公大楼前顺岗坡铺长石阶至大门后空地。校园的中轴线格局从此奠定，彰显追求宏大统一与规整肃正的时代建筑风尚。校园建筑显现统一与变化相结合的组合布局，校园建设在这一校园结构布局中展开。

从三院合并到中山医科大学时期，随着学校教学、医疗、科研全面的发展及多层次教育体系的形成，除了临床医疗大步发展，法医学、麻醉学、影像学等专业也得以迅速发展，公共卫生学、护理学呈现建制性发展，学校的教学水平与治学作风蜚声国内，闻名海外。医学科研水平始终稳居全国前列。医疗水平也居全国前列。除综合医院外，各专科医院也在这一时

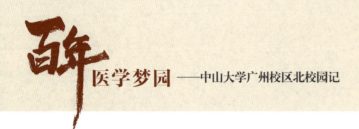

期出现。在校园里，教学、科研、医疗、行政建筑随着建筑布局的重构，或新建，或重修，或变更用途与功能。

这一时期，原医院大楼成为办公大楼，原学校大楼成为图书馆大楼，小红楼成为学校教学管理与科研管理的重地。医院东移，附属第一医院的工字楼建成。医院与教学科研区分界更加明晰。教学科研区得到纵深发展，扩展了发展空间，有利于教学、科研的开展。医院在东扩中大大扩增了发展空间，这对其作为学校教学基地的意义重大，对自身医疗的发展亦大为有利。医院与校园的紧密联系，有利于二者获得科研支撑、信息资源、各学科力量，医院能继续依托全国一流医科高校。附属第一医院在三院合并后一直保持全国一流的大型综合性医院的地位。医院与学校一体，亦非常有利于临床实习、见习、进修，对培养高素质的医护卫技人员非常有利。值得注意的是，校园的发展并没有改变教学、医疗、科研三位一体的格局。后来建成的眼科医院、肿瘤医院、口腔医院亦与校园互相呼应，态势相连，显示医学院校本部与附属教学医院特有的联系。

学校在校园建设规划上既适应当时的形势，又照顾了远景发展，在基建方面采用过渡性的安排，来适应使用要求，从而解决建筑建成先后与使用要求之间的矛盾。

根据适用、经济、美观的原则，学校对校园旧建筑的改造，从使用价值、经济核算和整体规划出发，在新旧建筑尽可能取得统一协调的前提下，分别进行不同的处理。一些旧楼房，稍加修建，换上新装，与新建筑合成整体，不损及建筑群的统一性。结合医学院的教学特点及历史条件，旧建筑得以充分利用。在布局上，学校注意各建筑间的有机联系，避免过度分散。建筑间距为 30～40 m——若建筑间距过近，容易造成人流拥挤和课

上篇（1953—2001年）

室之间声音相互干扰。在各教学楼平面布局上，学校把同一类的学科适当安排在一起，便于业务的联系。校园内各学科教学楼相距得宜的井然有序的科学化分布，有利于各学科在科研上互相联系、支持和协同，有力地促进科研的发展；这种分布也适合对学习科目繁多、学习时段紧凑、学习生活紧张的医学生的教学安排；将与医院临床医疗关系较密切的学科教学楼（如病理解剖楼和同位素楼）放在与医院区较近的位置，有力地支持医疗工作的进行。

校园与医院紧贴相接，与校园相接的医院为附属第一医院。医学院校的教学区与医院连接的设置格局非常重要。三院合并后，医学院的布局为日后教学医院的建设奠定基调。校园建设主要集中在靠中山二路西南侧的医学院地块，东南侧地块留作教学医院用地，与东风东路联系的北侧地块主要作为学院生活区。教学区以山岗上红砖楼改建成的图书馆为中心，其余新建教学楼分列平行布置在场地的中部，以便于联系。生理生化楼是1953年最先建造的一栋教学楼，后来所有新建的教学楼都跟随其方位——朝南略偏西，使建筑的东西长轴与校园东边干道相连。此后附属第一医院住院部的建设亦与这条东西长轴基本平行。

总体上，教学区以图书馆为中心，与各科教学楼取得整体联系。教学建筑及教学设施的建设，是校园建设中最重要的部分。1953—1958年，校园里新建和扩建了5栋教学楼，完成面积为10 318 m^2，投资896 410元。在建成的建筑中，设有能容纳250人的阶梯式大课室4间，满足了14个教研组的教学和科研用房的使用要求，适应了6年来扩增2 000名学生的教学任务的需要。除面向教学与科研的实际使用外，根据亚热带的华南地区的特点，对教学建筑做了适当的遮阳、隔热、通风的处理，使室内温度普遍降低4～6 ℃，为师生提供更好的工作与学习条件。建筑造型简朴明朗，既讲求协调统一，又不拘于一定的形式，在可能的条件下兼顾美观，并考虑结构、选材、装修等因素。

鸟瞰校园

教学楼

病理学科楼侧面

医科教学课室

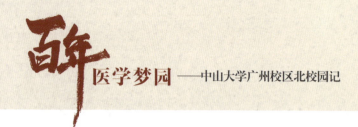
百年医学梦园——中山大学广州校区北校园记

新建和扩建的5栋教学楼的设置，体现教学与科研密不可分，充分显现医学教学的基本特点。医学教育进入科学时代，与科学研究紧密地结合。为了更好地把科研与教学结合起来，基础建设上要建好实验室和医院，校园因而配置充足的科研设施。

20世纪50年代初期至20世纪末，校园作为一个医科高校校园，科研机构密布，各种研究设施及附设研制机构齐全，精心布局，成体系分布，包括维修和研制设备仪器的厂房、附设制药厂等，并与各附属医院成为国家及当地重要的医学研究基地，同时也是研制医科药品、医疗设备、公共卫生产品以提供社会医疗卫生服务的基地。校园的科研体系支撑着学校的教学和医疗高水平地发展，并使学校的科研水平持续地提高。

中山医学院附设制药厂

上篇（1953—2001年）

　　校本部与附属第一医院相连，部分医疗服务点设置在教学区。校区与医院之间既有界限，又紧密相连。现代基础学科日新月异地发展，医学研究不断地深入，临床治疗对基础医学的依托更密切。校区与医院之间便捷通行，体现临床医学对基础医学的需求。例如，为了让在医院手术后的活检组织在相对短的时间内被送到病理学教研室（组），病理学科楼设于校园里贴近医院的一侧。核医学楼也建于近医院处，以便接受核医学检测的受检者在医院与校园间往来。

放射免疫检测中心

百年医学梦园——中山大学广州校区北校园记

全教学医院以工字楼为中心，四面布置各个系统，在交通上形成一套较少交错的十字交通组织流线。医务系统位于南面坡上，使各医疗建筑有最好的朝向。起伏的岗地未被削平，而是巧妙地利用地形组建医院建筑群，并根据各建筑的功能布局安排。医院的建筑物都依地势而建，每栋建筑的标高均不相同，在东西轴线上有较大起落。在南北方向上，房屋顺地形而建，呈梯级状，使房屋均能获得良好的通风和采光。这一建筑布局，使位于狭窄地面上的建筑群既符合实际需要又显得富有生气，更显美观。

梯级状依地势而建的建筑群

从三院合并到中山大学与中山医科大学合并这一时期，校园在与附属医院的联结上，除了保持三院合并前校园与医院关系紧密的传统，亦因自身的发展，展现一种新的连结形态。20世纪80年代中后期，校园东面与当

上篇（1953—2001年）

时国内一流的大型综合性医院——中山医科大学附属第一医院紧密地连为一体，展示现代医学教育所要求的教学、医疗、科研三位一体的布局。校园北面与中山医科大学附属肿瘤防治中心隔东风东路相对，与东北方的中山医科大学中山眼科中心隔执信南路和东风东路相望，西隔烈士陵园，与中山医科大学附属光华口腔医院相近，这样既有利于医疗机构依托院校的教研力量与设施以提高医疗水平，亦有利于医科教育特别需要的与医疗实践的紧密联系。另外，矗立于珠江边、前身为中国近代第1间近代西医医院——博济医院的中山医科大学孙逸仙纪念医院，矗立于天河区的中山医科大学附属第三医院，均可视为与中山医科大学校园的跨空间连接。

三院合并后，按当时医学院校建设的时风，学校开始由校园中轴线展开的校园建设发展格局。在校园建筑的持续拆除兴建中，办公大楼、图书馆大楼和小红楼始终居于校园中心。红楼虽各有不同变化，但基本保持原貌。经过近半世纪的风刷雨洗，寄附于红楼的校园精神文化魂光依然闪烁。1986年8月，在校园中轴线前端、学校办公楼前的孙中山学医纪念铜像落成。其与中轴线上的办公大楼、图书馆大楼和中轴线东侧的小红楼围合成的校园文化与管理的中心区结成一体，从而强化了校园文化与管理中心区的精神象征意义。

三院合并后，随着校园的大规模改建，在原有园林的基础上扩建新园林，在校园内整地、修路、浚渠，因形就势在岗上、坡面、平地大规模地种树、栽卉、植草。各种名树及适宜在亚热带生长的树木错落成林，望天竞长。园林四季，华树浓荫罩地，佳卉连植修裁成丛，长青碧草修剪成坪，花朵成簇成行，季季花开花落，馨芳常飘遍园，排树护路，林梢遮径，垂枝傍廊，叶影临窗，一个优美怡静的林园与一个实用型医科校园融为一体，

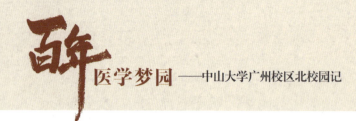

为学生学习生活、教师教书育才、科研人员开展科研学术活动、员工进行事务管理提供幽美宁静的环境。

医学院校的校园需要配置配套齐全的生活设施以支撑医学院校的教学、科研、医疗及行政管理,包括配置住宿设施、膳食服务、体育健身设施、医疗卫生服务机构及其他相应的生活设施。

多栋学生宿舍大楼配置包括沐浴盥洗设施等各种生活设施,为学生提供充裕的住宿及生活条件,尤其是适应学生持续增加后的住宿需要,让医科学子在安定的生活条件下全力求学。

第一、第二、第三、第四学生宿舍外景

第五、第六学生宿舍外景

第四学生宿舍外景

学校给师生提供的生活基础设施（如饭堂等）齐全，布局也较为合理。

第一学生饭堂

学校建有以竹丝村为主体的教工生活区。竹丝村隔执信南路与校园的其他部分相对。

上篇（1953—2001年）

竹丝村教工住宅区远景

竹丝村教工住宅

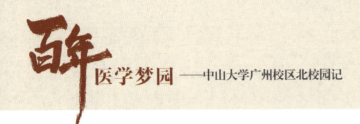
医学梦园——中山大学广州校区北校园记

校本部还配置保健科等医疗卫生服务机构。

随着城市建设的发展，校园周围地段成了繁华地段。建筑林立，机构密集，校园处于广州市两条主干道——中山路与东风路之间。20世纪80—90年代房地产开发潮起，地价渐涨，校园发展空间受限。校园建筑的高层化是校园空间发展的出路之一。20世纪80年代中期至90年代，高层建筑在校园出现并渐成校园建设的趋势。或在原有建筑的基础上增高扩建，或对原有建筑进行重建，或建成新的高层建筑，代表性的建筑有何母刘太夫人中心实验楼等。在中山医科大学时期，在教工生活区主体竹丝村才建有高厦。

竹丝村建筑

上篇（1953—2001年）

校园建筑高层化趋势的出现，使校园各机构的布局出现新的变化，科研、教学及生活建筑开始走向集中化。

20世纪90年代，校园又出现新的基建潮。例如，中山医科大学建成何母刘太夫人中心实验楼，增建图书馆楼（后座），增高扩建永生楼等，改建校友会堂，对校园内的体育设施进行大改造，对体育场进行大维修，在教工生活区主体竹丝村建成高层住宅楼。中山医科大学在20世纪90年代建成数栋彩色外墙的高层学生宿舍楼。

彩色外墙的学生宿舍楼

校园发展到中山医科大学时期，现代型的医学教育校园格局已然奠定，并进入成熟的发展阶段。

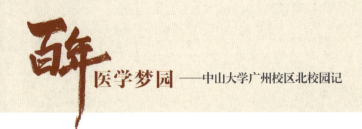

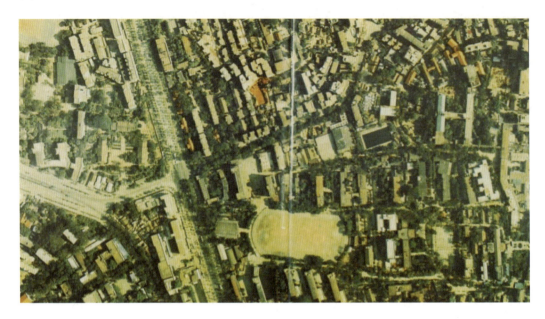

校园鸟瞰

孙中山学医纪念像的建成

孙中山学医纪念像建于1986年8月，设在校园办公楼前，居校园中轴线的前端，成为校园建筑群的聚焦点。纪念像耸立于校园正门台阶第一梯段平台上的一个3 m高台座上，朝南而立，台座四周是水泥砂浆批面后以600 mm×300 mm分格，斩成假石砌块。平台上四周设600 mm高铸铁方形柱，以链条相连接。平台面铺水泥斩成假石方块预制件。该纪念像基座用翠绿色大理石片贴面。前碑文用纯白色大理石片蚀刻贴金字。前纪念像落款浮挂贴金铸铜题字。

1986年11月孙中山诞辰120周年之际,中山医科大学为纪念孙中山于1886年在博济医院所办的西医学校学医并开始从事革命运动,建成孙中山学医纪念像。1986年11月9日,中山医科大学在办公楼前举行孙中山学医纪念像揭幕典礼。碑座上有全国政协主席邓颖超的"孙中山学医纪念像"题字。

远瞩前方的青年孙中山学医纪念像屹立高台,迎来一级又一级孜孜求学的医科学子,送出一届又一届学成才俊。

1999年7月,孙中山学医纪念像被广州市人民政府确定为广州市文物保护单位。

孙中山学医纪念像与行政办公楼(侧面)

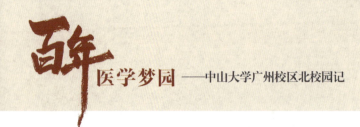

孙中山学医纪念像与行政办公楼（正面）

1918年建成的当时用作医院的殷红大楼，在三院合并后，依旧坐落于校园南边百子岗上，面南矗立，俯视校园内外。前后两座一体的红楼，

上篇（1953—2001年）

仍是进入校园或经过大门前时最受瞩目的建筑，经内外改建和功能改变后建筑面积仍是 5 750 m²。这座中西结合、具有欧洲古典主义建筑风格的楼宇，在20世纪50年代至20世纪末曾历几番改建、重修、复建，并留下不同年代风雨冲刷的印记，在改建与复建所带来的楼形变化中折映时代变迁。天面的 5 处绿琉璃瓦锥形塔尖曾被移去，前座三角顶立面曾消失，出现 4 层的栏廊。后来，前座重修三角顶立面，不再有 4 层的栏廊。1996 年，中山医科大学修复了天面的 5 处绿琉璃瓦锥形塔尖，重现欧洲流风的哥特式尖顶覆盖的中式绿琉璃瓦，塔尖直指天空，楼风宏丽。一岗绿树浓荫、坡面上青草茵茵，绿映红墙，更映衬大楼经时不易之典雅风范和殿堂气质。大楼作为校园最核心的建筑，逐渐重现其曾淡化的文化喻象。这是校园里最能保持原貌的建筑。大楼顶层有邓小平于 1985 年 9 月 26 日为中山医科大学题写的校名。大楼于 1999 年 7 月被广州市人民政府确定为广州市文物保护单位。这座大楼成为中山医科大学的标志，也是校园中最具文化性的建筑。

三院合并后初期，该大楼仍为医院大楼，其内部结构、功能、设施、用途及管理与三院合并前的基本相同，但在一段时间后其成为办公大楼，原医院迁出。附设的医院建筑及构件（如斜道等），或拆去，或改建，以适合办公用。内部结构也有一定程度的调整和加固。内部设施由医院设施改造为办公设施，设有会议室等。内部间隔亦时有改变。不过，楼体基本保持不变，建筑风格未易。

大楼内，所驻的单位部门时有变更。1957 年后，该大楼开始用作中山医学院、中山医科大学的办公楼。在中山大学与中山医科大学合并前，大楼内曾设有校长办公室、党委办公室、人事处、组织部、纪律检查委员会、宣传部、教务处、学生处、总务处、财务处、外事处、审计处等。

从学校大楼到图书馆大楼

在校园中央矗立的一座具有欧洲古典主义建筑风格的红砖楼宇曾是学校大楼,于1918年建成后就稳立校园中轴线上,即使在20世纪50年代校园经历历史巨变,依然坐落原位。其坐北朝南,绿林周绕,花园傍楼,翠映彤墙。楼顶有所改建,虽不再有三角顶立面,但全楼大致保持原貌,建筑风格基本未变。

三院合并后,原学校大楼初为办公楼,后改为图书馆。

20世纪50年代,全国高等院校调整,三院合并后,其图书馆亦合并。

20世纪80年代,在图书馆原楼北面兴建的图书馆楼(后座)共有4层,部分建有3层,建筑面积4 000 m^2,采用框架结构,不设天花板吊顶;2层以下设2道疏散楼梯,第2至第4层设3道楼梯。新建图书馆楼距离南面原图书馆楼17 m,并在建成后与原图书馆楼(前座)连通成一体。图书馆楼在新建图书馆楼(后座)后,有了较大的发展。

图书馆楼于1999年7月被广州市人民政府确定为广州市文物保护单位。

上篇（1953—2001年）

有三角顶立面的学校大楼

绿树掩映的图书馆

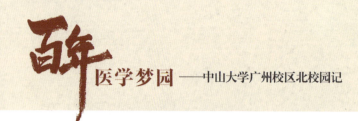

图书馆

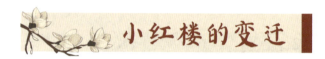

小红楼的变迁

建成于 1925 年的 3 层小红楼一直位于校园东侧，其建筑基本保持原貌，屋顶有改建，使楼顶的中式风格变得显著。小红楼的建筑面积 350 m^2，室内面积 278 m^2。小红楼的功能有过转换——曾经作为校舍，后来成为学校的办公场所。中山医学院基础部于 1966 年成立时设址于此，曾是基础学院楼、基础医学院楼。小红楼于 1999 年 7 月由广州市人民政府确定为广州市文物保护单位。

上篇（1953—2001年）

小红楼

小红楼侧影

百年医学梦园——中山大学广州校区北校园记

病理学科楼

病理学科楼原有建筑面积为 880 m^2，包括 1 栋 2 层的病理解剖楼及太平房等。该楼的房间在重建时已建成 30 多年，平面呈正方形，房间深度大，窗面小，内部相当昏暗，因而利用不够充分。根据教学系统组织的需要，病理学科楼应接近医院，便于尸体运送及迅速进行病理解剖。原有的病理学科楼的位置恰当，东边贴近教学医院，南面为内科病楼。因此，在 1953 年扩建时，中山医学院就将新建部分与旧楼的西边部分连接，入口门厅紧插在新旧楼之间，使新旧楼成为一个有机整体。新楼平面的方位与旧楼成折角，主要是使区域布置协调统一。新建部分也是 2 层，面积 1 148 m^2，连同原有面积合计为 2 028 m^2。此楼容纳病理解剖和病理生理 2 个教研组。主要房间除用作课室、实验室和研究室外，也用作尸库、动物室和病理标本室等。新建部分的地面层包括可容纳 240 人的阶梯式教室和可容纳 128 人的大实验室。病理解剖室、标本室则在旧楼。尸库和动物室附设在旧楼后面东北角。两层皆是研究室和工作室。由于地面层的教室跨度较大，而第 2 层则是合掌式的平面布置，因而建筑虽只有 2 层，但仍采用钢筋混凝土钢架结构。屋顶铺造大阶砖隔热层。地面层教室的大窗牖采用双重水平式遮阳板，但对树木郁蔽的环境则注意调适，以免妨碍室内光线。旧楼的立面为西洋古典式，除将部分窗面扩大外，立面上只增加了遮阳处理，使横直线条与新建部分协调。

上篇（1953—2001年）

病理学科楼正面

病理学科楼侧面

基础学科楼

　　基础学科楼建于 1957 年，高 4 层，容纳普通基础学科，如无机化学、有机化学、物理、生物、外语和马克思列宁主义等学科的实验室、研究室、图书仪器和资料室，以及各科教研组的办公室等。各层平面采用中间廊道设计，入口和主梯设于建筑物当中，将建筑分为两段。实验室和课室设于西边一段，研究室和办公室则设在东段，尽可能减少实验室和课室人流对研究工作的干扰。副梯设于西端，方便西北宿舍区的学生进入教室，同时对西墙也起到防晒作用。此楼全部采用承重砖墙和钢筋混凝土楼面混合结构。承重墙地面层内外墙均厚 37 cm；第 2 层外墙厚 37 cm，内墙厚 24 cm，第 3 层和第 4 层墙则均厚 24 cm。为了控制建筑面积，用 3.0 m 和 3.2 m 两种模数开间，每四五间用砖墙紧连，在结构方式上建成一个一个小方盒体，使结构更加稳定，既满足房室大小的使用要求，又照顾到根据教学需求可以随时调整房间间隔的需要，这在平面处理上具有较大的灵活性。为了节约水泥和钢筋，屋面采用 1/2 砖厚抛物线弧形砖拱作为结构层兼隔热层，在拱下加吊平顶，利用拱内空间构成一条通风散热道，造价较混凝土块面的低。为了减少进入室内的辐射热量和眩光，朝南窗牖皆装置预制混凝土遮阳百叶，从而降低室温，并使光线调和。

上篇（1953—2001年）

基础学科楼

生理生化楼

  生理生化楼是于1953年最早建造的一座教学楼，因而其位置和朝向都配合原有的建筑群。后来，所有新建的教学楼都跟随这一方位——向南略偏西。由于工程地基的形势复杂，东段为向下陡坡，高处与低处相差3 m，只得进一步利用地形建成梯级式，形成西段3层、东段4层的建筑体形。此楼为生理生化实习和科研专用，因而在使用上以实验室为主，并在当时师资缺乏的情况下采用可容纳144人的化学大实验室。东段地面层的

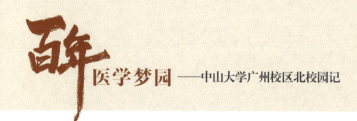

房间较小，层高 3.1 m；第 1 层和第 2 层的大实验室进深为 10.24 m，层高 3.7 m，高深比为 1∶2.8；第 3 层的房间虽小，但因受屋面辐射热量的直接影响，将层高定为 3.3 m。

生理生化楼

解剖学科楼原有建筑面积 705 m^2，于 1953 年和 1957 年分别扩建。新楼和旧楼的面积共 2 683 m^2，基本上满足人体解剖、局部解剖和组织胚胎

3个教研组的使用要求。解剖学以尸体为主要教材,因而平面布局上尽量以尸池为中心,便于运送尸体。1953年,在原有建筑南面扩建一座2层的主楼。此楼西翼的上层和下层都是实验室,廊道和标本室与原来的尸池部分连接,符合设计的要求。大实验室的面积为264 m^2,可容纳130人。东翼地面层沿地形坡度设200 m^{2}的阶梯式教室,可容纳250人。第2层建筑则是工作室和科研用房,中间廊道较宽,以顶部采光,供图片陈列所用。

解剖学科楼正面

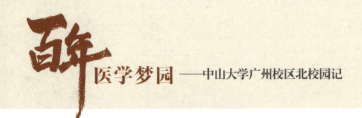
医学梦园——中山大学广州校区北校园记

人体解剖学科及组织胚胎学科楼

药理学科及寄生虫学科楼

　　药理学科及寄生虫学科楼建于1954年，是一座4层及部分5层的建筑。平面处理与其他教学楼的相似，均呈东西轴长方形。这是为了得到更多的朝南面，尽量获得夏季东南风，以便夏日通风降温。主梯正对中央门厅，西端设半敞开式辅助梯间，便于师生在校园东边干道的进出。地面层沿地形斜坡设2间均为189 m² 并设有252个座位的阶梯式教室。第2层有2间大实验室，各可容纳约130人。两室之间以楼梯穿堂分隔，既便于人员进出的疏散，又能避免相互干扰。第3层只设置药理学科工作室和研究室（包含专用小实验室）。第4层是寄生虫学科使用房室。西端第5层设小面积的动物观察室。在中央进口门厅的下面，利用半地下室层，设置厕所、库房和自行车停放点。大实验室用以配合两学科教学使用，阶梯式教室为全学院公用。由于使用次数多，而且情况比较复杂，于是将阶梯式教室设在最下一层，以避免混乱和减少干扰。阶梯式教室座位采用条椅连台板，脚架用小角铁，这样处理比较牢固，可以降低修理费用，并且造价低廉。在遮阳措施上，第1层和第2层是课室和实验室，由于窗的面积较大，采用双层水平式遮阳板；第3层和第4层则用单层水平式遮阳板。这种遮阳处理比综合式的既节省材料又易于施工，虽遮阳效果不佳，但是可减少辐射热和眩光对人体的伤害。屋顶用大阶砖做成通风隔热层，立面造型上有一些传统式装饰，如承托遮阳板的雀替式悬臂梁和主入口部分的处理等。

药理学科及寄生虫学科楼

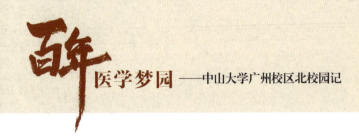

动物场楼（亦被称为动物实验中心楼）建于1937年，工程造价为94 594元，建筑面积为1 703 m²。1999年7月，该楼由广州市人民政府确定为广州市文物保护单位。

此楼共有2层，坐北朝南，红墙绿瓦，建成之初曾为细菌研究所使用，设有课室、绘图室、图书室、实习室、实验室、动物饲养室、培养基室、消毒室、疫苗室、破伤风素室、冷藏室、制造室、孵卵室、血清凝缩室、血清过滤室、牛马采血室、采血消毒室、全身采血室、包装室等教学及实验用房。

细菌研究所在很长一段时期，除完成教学、科研任务外，还制造血清和疫苗提供给社会；为法院鉴定凶刀、血渍；受地方政府委托，长期代为检测自来水及市售各种饮食，以维护公共卫生，预防胃肠病。细菌研究所对当地社会有较大贡献，践行了高校医学科研机构从事高等教学、开展科学研究、服务社会等基本职能。

动物实验中心楼

永生楼

中山医科大学校友刘永生医生捐资100万元港币后,校方对中山医科大学电化教育中心大楼加建4层,于1987年5月15日开工,1987年10月31日竣工,并将电化教育中心大楼命名为永生楼。永生楼共有7层。大楼加建竣工后曾在第7层建校史展览室,后迁出。之后,综合档案室迁入大楼第7层。

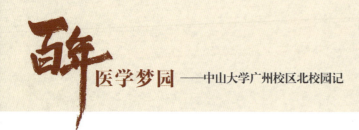

永生楼

何母刘太夫人中心实验楼

  何母刘太夫人中心实验楼于 1995 年 11 月 11 日落成，由香港知名人士何善衡以何善衡基金会的名义捐资 2 200 万港元兴建。何母刘太夫人中心实验楼位于校园中轴线上，建筑面积为 14 574 m^2。楼高 19 层，位于图书馆背后，耸立于校园的中央，俯览北面的田径运动场。这里拥有先进的实验设备，是医科教育与科研的要地，设有实验室、实验室的准备室和教师休息室。

上篇（1953—2001年）

何母刘太夫人中心实验楼 –1

校友会堂亦称大礼堂，始建于1954年，1990年由海内外校友、港澳知名人士捐资改建，1991年竣工。楼高2层，砖混结构。校友会堂内安放我国著名医学教育家柯麟的半身铜像，并设有港澳知名人士梁銶琚、马万祺、何善衡、陶开裕捐资建造的会议厅。这是一个建筑面积达 2 356 m² 的大礼堂，能容纳 1 000 多人，内有舞台，是举办各种大型集会和文艺演出的重要场所。

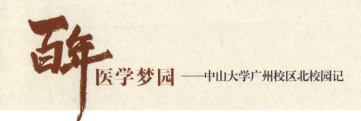
百年医学梦园——中山大学广州校区北校园记

大礼堂

校友会堂

上篇（1953—2001年）

体育运动场馆

三院合并后的校园，自20世纪50年代就拥有一批体育场地供给全校师生开展体育活动。原有田径场1个（内含足球场）、篮球场7个、排球场3个（与网球场共用）、游泳池1个、健身房1个、乒乓球室1个。

华南医学院举办第三届田径运动会

足球场

1999年，中山医科大学对校内的体育场所进行大改造，修建新的德国"巴斯库"12 mm 聚氨酯 PU 3 mm 塑料材料的田径场、德国"巴斯库"材料人造草皮足球场和软塑胶地面的排球场，使学校的体育场所焕然一新。

田径足球场

田径场和足球场面积 184.6 m×86.5 m=15 967.9 m², 室外篮球场面积 100.0 m×44.2 m=4 420.0 m², 室内篮球场面积 34.6 m×28.9 m≈999.9 m², 室外排球场面积 34.5 m×45.8 m=1 580.1 m², 体育场面积 38.6 m×25.0 m=965.0 m², 游泳池面积 66.0 m×40.0 m=2 640.0 m²。总面积为 26 572.8 m²。

游泳池

足球场、篮球场、排球场边上，木棉树高大茂盛。每年2—5月，木棉花盛开，仿若几朵红云浮凝校园绿林上，与掩映于绿丛的红楼相互辉映，隔夜清晨即见落红朵朵满布场边道上，一地殷红，弘艳瑰丽。

百年医学梦园——中山大学广州校区北校园记

木棉花盛开

鸟瞰以工字楼为中心的医院区

上篇（1953—2001年）

华南医学院第一医院大门

中山医学院第一附属医院

中山医学院第一附属医院门诊部

中山医学院第一附属医院门诊急诊部

工字楼与医院建筑群

中山医科大学附属第一医院

工字楼高5层，建筑面积约1.2万平方米，由夏昌世主持设计，于1956年建成并投入使用。

医院门诊部的门厅接近马路，由此可进入以工字楼为中心的医院的建筑群，整个医院建筑群是一体的。在流畅的建筑组合结构中，不同功能的各机构及部门有序、顺畅地连接在一起。透过以工字楼为中心的医院建筑群可了解大型综合医院与教学医院的功能和特征。

门诊部中，传统内廊式候诊模式改为单侧候诊。与门诊室相连接的走

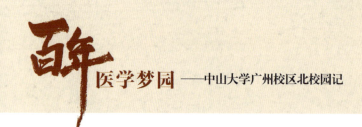
百年医学梦园——中山大学广州校区北校园记

廊加宽到6m作候诊室，增强通风和采光。候诊室的宽敞空间有利于通风和采光。病人在整个医院建筑群的南侧候诊，可以呼吸到室外的新鲜空气和沐浴到充裕的阳光。绿化庭院和清朗空间使候诊病人的心理压力得以舒缓。诊室在北面，能获得稳定的漫射光线，有利于医生观察病人和会诊。每个病区分区明确，不同病科的病人不会相混，以避免院内交叉感染。

工字楼涵盖医院的麻醉手术室和内科、外科、妇科、儿科的大部分住院病房。工字楼平面为"工"字形，前后座布置病房单元，中段设置供应部门和教学用房。工字楼的正立面在高处舒展。在整个建筑群体组织中，若干建筑后座稍微朝东南向偏移，避开前座产生的阴影，在朝向上引导季风。阴影荫庇下的庭院在闷热炎夏成为一方清凉地，并在前后两座之间产生窗前的风压差值，这样即使在季风平静的时日也能为医院带来阵阵凉风和新鲜空气。

工字楼的中段的第1层除用作教学外，还作为血库部门。为了照顾来往输血病人的便利和出入的独立性，设立一个中段入口。这样一来，中段人流不仅不需要与前座的东翼产房和西翼妇科共用南主入口，也不需要与后座西翼系统内科教研组和东翼神经精神病科共用北入口。第2层中段是药房和电疗室，前座和后座的全层分别是产科休养室和系统内科病房区。第3层除中段是全院中心供应部分和后座西侧是病人检验区外，其余都是系统外科教研组病区。第3层还设有便利各层的中心供应室和检验室。第4层全层都与手术外科相关，西侧布置手术室。第5层中段是图书室，后座高于其他病区，前座是儿科教研室。

工字楼在形体上，前座呈中轴对称，后座却显得多变。面向院外的一面仍然保持对称，三段式的构图巧妙地将单调水平线条缓缓引向天空，面向医院外的田园风光（医院外曾有大片菜园）。后座呈现不对称的分布，在前后错动和两侧不受局限中延展。在前座，女儿墙较主体病房区微微下降 50 cm 以形成 2.8 m 的层高。主体上起伏的 1/4 砖拱隔热层为水平大阶砖隔热层。主体病房区的水平线条被生活室的落地玻璃窗中断，拥立出屋顶相对高出 60 cm 的中央日光室。中央日光室立面采用综合遮阳处理，边缘略为收窄的次间和 6 条 40 cm 进深的垂直线条。高出屋顶 3.9 m 的电梯井为建筑正立面中展现最后一处高扬的哥特式竖向造型，在连续的实用的建筑律动中忽起异变的美的飞升。

病房布置平行的三床形式，既尊重病人的私密，又可把病例分区，还可使单元的进深不至于过深，便于通风和采光。

生活室和医护间南北贯通并夹着加宽的过道，二者之间没有封闭的隔断存在，这使病人的任何活动都可以被看见，有利于医护人员对病人的全方位监护。生活室和医护间成为大厅，合掌式的平面使医护人员和病人在最短距离内完成服务和被服务，极近的距离使病人能最便捷地得到最为急需的服务，加宽的过道还成为实习医生的临时课室。最小"尺"度的标准病床单元能争取公共生活空间的最大化。

医院地处广州，炎热高温的日子较长，因此，应对炎热天气相当重要。房间室内温度取决于墙体和屋盖的性能，阴影是关键因素。建筑注重形成阴影，对建筑阴影的控制取决于平面形状、外墙遮阳板。在建筑上利用长远、有效的遮阳隔热构件。工字楼因其平面形状而产生的庭院阴影形成的窗前环境，利于纳取凉风。医院大楼的遮阳技术相当成熟，窗楣位置挑出混凝土框，其上安装混凝土预制百叶。前座的南立面水平遮阳板形成的水平线条与中心入口处的垂直遮阳板形成对比，不仅满足病房的采光通风要求，还丰富了大楼外观。

工字楼显现当时国内医院建筑所能达到的先进性、实用性和美观性，尤其是在适应广州的气候条件上设计卓越、成就颇高，蜚声海内外，这已得到公认。1988年，夏昌世主持设计的中山医学院医疗教学建筑群获得中国建筑学会优秀建筑创作奖。获奖时间距离设计起始时间已达35年。夏昌世是20世纪50年代华南地区此奖项唯一的获奖者。中山医学院医疗教学建筑群是获此奖项的三座医疗建筑之一。这一奖项是中国建筑学会颁发给从中华人民共和国成立40年以来所有建筑作品中选出的中国优秀建筑设计者，是中国建筑界颁发的最高奖项。工字楼的建成影响随后卫生部制定的医院建筑规范。经济上对工字楼建设的投入在当时无疑是大手笔的。工字楼的建成标志着学校医疗水平与临床教学能力有新的跃升，也成为其附属第一医院辉煌的标志之一。

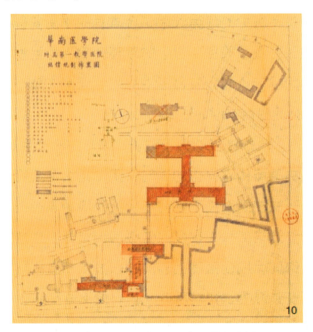

华南医学院附属第一教学医院总体规划布置图

工字楼

附属第一医院曾宪梓大楼（医学影像中心）

附属第一医院曾宪梓大楼始建于1993年，于1998年投入使用，楼高9层，占地1 132 m²，建筑面积为10 195 m²。大楼各层分布各种医学影像检查科室。

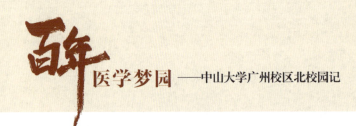

附属第一医院曾宪梓大楼

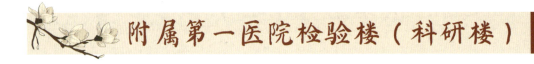

附属第一医院检验楼（科研楼）

附属第一医院检验楼始建于1986年，于1988年投入使用，楼高9层，占地576.2 m²，建筑面积为5 351.4 m²。大楼为各实验室团队科研用房。

上篇（1953—2001年）

附属第一医院科研楼

附属第一医院何善衡楼

附属第一医院何善衡楼始建于1994年，于1997年投入使用，楼高9层，占地2 546 m^2，建筑面积为22 900 m^2。大楼主要由各内科病区组成。

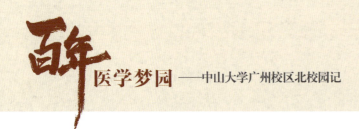

附属第一医院何善衡楼

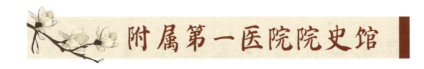

附属第一医院院史馆始建于1998年，于2000年投入使用，楼高2.5层，占地195.08 m²，建筑面积为524.86 m²。大楼主要有院长办公室、党委办公室等部门。

上篇（1953—2001年）

附属第一医院院史馆

附属第一医院新邱德根楼

附属第一医院新邱德根楼由综合楼（人工心脏研究室）、邱德根楼（高干病房楼）组成，于1993年进行合并装修改造，1998年投入使用，楼高9层，占地862 m²，建筑面积为9 221.63 m²，现主要由放射介入、治疗等科室组成。

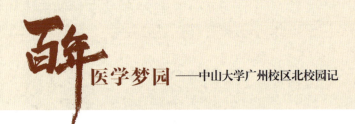

附属第一医院新邱德根楼

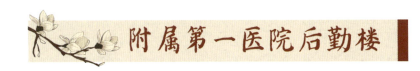

附属第一医院后勤楼始建于1987年，于1990年投入使用，楼高8层，占地702 m²，建筑面积为5 365.6 m²，为部分行政后勤职能科室办公用房。

上篇（1953—2001年）

附属第一医院后勤楼

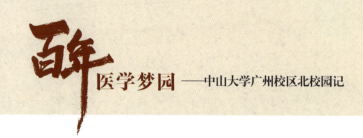

依托学校的兴革发展

中山大学医学院、岭南大学医学院、光华医学院在20世纪50年代合并后至20世纪末,学校经历华南医学院、广州医学院、中山医学院和中山医科大学的发展时期。

华南医学院

为了适应三院合并初期的需要,1954年8月,华南医学院成立院务委员会,由广东省文教厅厅长杜国庠任主任委员,原中山大学医学院院长柯麟、岭南大学医学院院长周寿恺任副主任委员。华南医学院全院包括院本部、附属第一医院、附属第二医院、附设护士学校4个单位。院本部下设教育和研究的基础学科、前期学科、临床学科等25个部分。附属第一医院即中山大学医学院附属医院。附属第二医院即岭南大学医学院附属医院。附设护士学校则由中山大学医学院附属护士学校和博济医院高级护士职业学校合并而成。合并组建后的华南医学院有在校学生1 697人,其中本科生1 520人,专科生177人;专任教师319人,其中教授44人,副教授21人,讲师50人,助教204人;病床602张。三院合并后,校舍得到扩建,仪器设备得到更新,教师队伍得到充实,办学规模得到扩大,综合实力明显增强。1954年,华南医学院招收学生493人,其中本科生365人,专科生128人;毕业学生390人,其中本科生283人,专科生107人。

上篇（1953—2001年）

在医学院校的院系调整工作基本完成后，广东省文化教育委员会于1955年2月1日任命柯麟为华南医学院院长。一批科研能力卓越、教学经验丰富、医疗技术高超、深孚众望的专家、教授、学者，如梁伯强、谢志光、陈心陶、陈耀真、秦光煜、林树模、钟世藩、周寿恺、陈国桢、罗潜、朱师晦、邝公道、毛文书、白施恩、汤泽光、梁焜皓、林伯荣、黄叔筠等，凭借严谨的治学态度、朴实的工作作风、高尚的职业道德，做出重大的学术贡献。他们中的绝大多数人都担任华南医学院行政、教学、科研和医疗部门的领导职务。

三院合并后，在教学上，华南医学院首先重建33个教研组，强调以集体主义精神对待教学。学校支持一些老教授的意见，尊重著名的医学专家梁伯强、谢志光、秦光煜、陈耀真、白施恩、钟世藩、周寿恺、邝公道、许天禄等的教学经验，主张凡是先进的东西，不管来自哪个国家，都应积极予以批判地吸收；要注重研究自己的特点，重视自己的经验和成果。华南医学院开始以教研组取代学科作为医学院教学和科研的基本单位，将原有的20个学科改为33个教研组。教学、科研、医疗、师资培养4项任务统一由教研组安排，这使教研组内各项工作构成一个统一的整体。

当时主管教学工作的副院长周寿恺在教学管理工作中的一个重要贡献，是组织各相关教研室的教师，理顺当时开设的36门课程之间的关系。其对各门课程内容的深度和广度、衔接和配合、继承和发展等方面做了平衡；同时对全部实验、实习训练课的要求和重点也进行系统的研究；并在这个基础上组织制订教学大纲，使医学院的教学工作走上正规化和规范化道路，教学水平和质量大为提高。周寿恺在教学管理工作中的另一个重要贡献，是多次召开教学方法研讨会，强调教学方法的重要性，引起教师的重视，

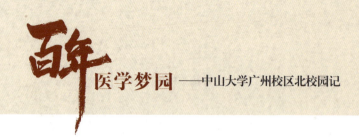

改进教学方法，提高教学质量，使华南医学院逐步形成一套有效的、在当时是先进的教学方法。

自 1954 年，华南医学院实行统一的教学大纲和教学计划。在教学组织方面，采用大班上课、小班实习的制度；对实验课采用实验课制度；对临床实习采用集中轮回实习制度；对讲课采用教师包班制度；对教学辅导采用教师专责制度；对考试采用四级记分制度和口试制度；并采用教师集体备课、教案制度等。当时该校强调教学主要是传授知识，提高课堂讲授效果，突出教师的主导作用，强调理论与实际结合、医教合一的原则。

华南医学院附属医院包括国立中山大学医学院附属医院和岭南大学医学院附属医院。在当时实习医院规模较小的情况下，学院领导认为，能否做到理论与实践相结合是教学成败的关键。如果临床教学不在救死扶伤、防病治病的实践中进行，学生不可能学到有用的知识，也不可能掌握过硬的技术。为了解决这个问题，学院组建广州医教卫生技术合作中心，与广州市立的 10 间医院建立合作关系，在技术上互相交流，在工作上互相支持，使这 10 间市立医院都成为华南医学院的临床实习基地，解决了相当于 3 000 张病床的实习基地问题，为临床教学与实习提供场所。后来，华南医学院又把广东省各地 20 多间地方医院作为该学院的临床实习基地。

中山医学院

1956 年 9 月，华南医学院改名为广州医学院。半年后，1957 年 3 月，为纪念孙中山先生，广州医学院改名为中山医学院。

中山医学院于 1957 年 11 月再次修订了五年制医疗专业的教学计划。

1958 年始，中山医学院的教学计划改为六年制，该学院只设医疗专业。

上篇（1953—2001年）

中山医学院湛江分院起初实行三年制教学计划，1964年后改为五年制教学计划，还设置卫生干部进修班，学制有3个月、6个月、9个月和1年等。

中山医学院对科学研究十分重视，坚持发挥医科高校的科研优势，用自己的经验来研究解决医学课题，并针对华南地区普遍存在的疾病组织专家教授进行研究。

寄生虫病专家陈心陶对恙虫病做了卓有成效的研究，总结出恙虫病流行的几种可能性，并提出预防措施，对1952—1957年广州市恙虫病的流行起到有效的控制作用。陈心陶的另一重要成果是对血吸虫病的研究。他坚持深入血防前线，通过现场考察，摸清广东血吸虫病病人的数目，确定疫区的范围，对血吸虫的传播媒介钉螺的生态学特征进行深入研究，掌握华南地区钉螺的分布、生长周期、活动情况等生态规律，以及其与血吸虫病的关系，针对华南地区的特点提出一整套从控制到消灭血吸虫病流行的战略规划和具体措施。这一措施的贯彻，使广东省在防治血吸虫病方面于1955年就大见成效，成为全国最早消灭血吸虫病的省份之一。

20世纪50年代中期，内分泌学在我国还是一门新兴的学科。周寿恺和他的同事们在物质条件比较困难、设备比较简陋的情况下，创建内分泌实验室，并迅速开展对糖尿病糖代谢、自主神经功能状态对糖代谢的影响、席汉氏病动物模型的制备等课题的研究，建立对多种激素及其代谢产物的生物化学、生物测定方法，同时积极进行临床内分泌学的研究，提高对内分泌疾病的诊疗水平。

20世纪50年代，钟世藩在中山医学院领导的支持下创办中山医学院儿科病毒实验室，这是全国最早创办的临床病毒实验室之一。他的实验证实了直接接种乙型脑炎病毒于小白鼠胎鼠，病毒能得到很好的繁殖，他认为

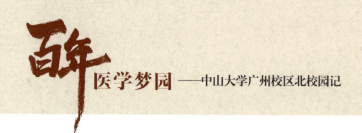

小白鼠胎鼠可能可作为分离病毒的动物。此外,在他的支持下,中山医学院儿科在20世纪50年代初就开展新生儿的尸体解剖,持续至今,积累了相当丰富的经验,对新生儿学科的发展起到很大的促进作用。

在教学上,中山医学院形成"三基三严"的学风:注重基础理论、基本知识、基本技能的学习和训练;在一切教学活动中,坚持严肃的态度、严格的要求、严密的方法。

中山医学院的一批老专家、老教授在形成"三基三严"的学风中起到重要作用,如学识渊博的林树模,采用深入浅出、纵横联系的教学方法,不仅讲授生理学,还讲授生物化学和药理学。例如,他讲授"水电解质平衡"这一内容时,他把水电解质的摄入、泌尿系统、呼吸系统、血液循环等相关理论知识有机地联系起来,使学生能够透彻地理解正常人体如何通过各种器官系统的共同作用以维持水电解质平衡。这样的授课方式颇受学生欢迎。

生理学是实验性学科,实验课是重要环节。在实验课教学中,林树模要求学生多动手、勤思考。他要求学生按照实验指导完成每个实验,并根据实验结果进行分析、讨论,得出结论,写出实验报告。实验报告须经教师签名认可,否则要重做。如果实验课不及格,不准该学生参加理论考试。这种按高标准严格要求学生和培养学生独立工作能力的做法,取得良好效果。

又如谢志光,其知识广博,授课内容生动活泼,富有启发性,使学生受益良多,不少已毕业多年的临床医生也乐意去听他的课。他教学有个"三部曲":一是他做你看;二是你做他看;三是他放手让你做,做完后他再检查纠正。

这一时期,中山医学院在广东省高等医学教育中起到主体作用和师资培养基地的作用，中山医学院于1960年被认定为卫生部直属的全国重点院校之一。

中山医学院从1963—1964学年执行的六年制教学计划是根据卫生部指导性教学计划，结合该院具体情况制订。

中山医学院坚持基础研究和应用研究相结合的科研方向，着重解决常见病、多发病的防治，同时注重基础理论的研究，在多个研究领域均取得突出成就。

梁伯强为我国现代病理学先驱之一、国际知名病理学家，他首创完整切除鼻咽部的尸解操作方法，主要研究成果有《鼻咽癌的组织类型、生物学特点和组织发生学的研究》《原发性肿瘤的病理形态学、病因学在我国发病率的研究》等。他曾主编全国高等医学院校教材《病理解剖学总论》和《病理解剖学各论》。我国的《自然科学年鉴》特别表彰了他在我国病理学研究上的业绩。

谢志光为我国临床放射学奠基人之一，是我国第1个对人肠结核、长骨结核的X线表现提出全面系统描述的专家。他首创的一种髋关节特殊照射位置，引起国内外学者的重视，被称为"谢氏位"。他首创在白内障及角膜混浊病患者进行手术前，对中心盲点进行检查的先进技术。他对鼻咽癌的早期诊断和临床发展规律有深入的研究。

陈心陶是我国现代寄生虫学的奠基人之一。他在寄生虫病的研究方面发表130多篇论文，发表60多篇恙虫病的研究论文。他的代表著作《医学寄生虫学》被评为我国1978年全国科学大会科研著作成果一等奖。他还被选为《中国动物志》编委会副主编、《中国吸虫志》主编。

陈耀真是我国现代眼科学奠基人之一。他曾以中文、英文、德文、西

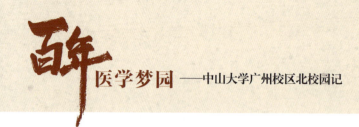

百年医学梦园——中山大学广州校区北校园记

班牙文先后在国内外发表论文近100篇，包括中国眼科史、眼科的基础理论研究及各种眼病的临床研究。尤其是他在中国眼科史的研究中，从甲骨文、古汉字、古代文物、典籍中寻找出大量的相关资料，被人们称为眼科学的"活字典"。他还主编全国统编教材《眼科学》。

秦光煜对麻风病进行开拓性的研究。1962年，他首次在心肌、肝、脾、骨髓、神经组织、睾丸和内脏淋巴结等器官发现界线类麻风内脏病变，这一发现大为丰富了人们对麻风病本质的认识，被国际麻风学界誉为"创造性工作"。1964年，他发表《网织细胞增生症或不白血性网织内皮细胞增生性疾病的本质》一文，提高了我国病理学界和临床医生对麻风病本质的认识、诊断水平和治疗效果。此外，秦光煜在寄生虫病、疟疾、脑病病理和脑肿瘤病理等研究上亦颇有建树，较大地丰富了我国病理学的内容。

1964年4月，华南肿瘤医院在中山医学院附属第一医院和附属第二医院肿瘤科的基础上组建而成，是当时我国四所肿瘤专科医院之一。该医院建院时有职工120多人，病床50多张。华南肿瘤医院第一任院长为谢志光，肿瘤研究所第一任所长为梁伯强。著名肿瘤学专家李振权、李国材、管忠震、闵华庆等为华南肿瘤医院的建立、建设和发展做出重要贡献。

1964年，中山医学院还建了5个研究室，即神经系统实验形态学研究室、寄生虫研究室、眼科疾病研究室、药理研究室和病理研究室。

1965年，中山医学院眼科医院正式建成。中山医学院眼科医院的前身是由中山大学医学院、岭南大学医学院、光华医学院的眼科合并而成的眼科教研室，这一教研室组建于1953年，第一任教研室主任为陈耀真。教研室自20世纪50年代多次被评为先进教研室。随着眼科教研室的不断发展，人员逐渐增多，机构也越来越完善，1957年，独立的眼科病房和眼科

上篇（1953—2001年）

手术室建成，病床数从16张增加至70张。1958年，眼科病理实验室建成。1959年，眼科生化实验室和视觉生理实验室建成。1964年，眼科研究室成立。1965年，眼科教研室迁至广州市先烈南路54号，正式建成眼科医院，创始人为著名眼科专家陈耀真和毛文书。陈耀真担任第1任院长，毛文书担任第2任院长。当时住院床位数为122张。20世纪70年代，病床数增至210张。1982年，在眼科研究室的基础上建成眼科研究所。

中山医学院眼科中心是我国培养眼科人才的重要基地之一。自1953年眼科教研室成立以来，教学工作一直是与医疗工作、科研工作和防盲治盲工作并列的重点工作之一。眼科教研室主任陈耀真不但重视专业知识的传授，还注重培养医务人员的求知欲、独立思考能力、探索精神和创造性思维。

中山医学院创建管理高等医学院校的有效方法，树立良好的校风校规，从而保证中山医学院出人才，出成果。1965年，在校学生数为2 599人，均为本科生；专任教师447人，其中教授36人，副教授41人，讲师111人，助教257人，教员2人；国家拨给教育经费225万元。中山医学院大批量地培养高质量的医学本科生、研究生、进修生和留学生，教学质量稳步提高。全院70%的教师都参与科学研究。在完成国家科学研究任务的过程中，教师的学术水平、教学水平和医疗水平都明显地提高。1962年校庆时，中山医学院收到319篇论文；1963年达466篇，其中的15%达到当时国内较高水平。一个服务质量好的适应教学与科研发展需要的附属医院和市内外兄弟单位协作组成的城乡教学基地网也建立起来。

1966年2月18日，第48次院务委员会讨论通过关于机构设置的决定：成立前期基础部，负责领导前期、基础的18个教研组及相关研究单位进行教学、科研、师资培养等工作。

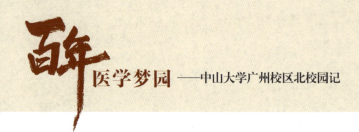

百年医学梦园——中山大学广州校区北校园记

中华人民共和国建立后 17 年内，中山医学院共培养毕业生 7 537 人，其中硕士生 64 人，本科生 7 072 人，专科生 401 人；同时造就一支高等西医教育工作队伍，以及一批富有教学经验、科研能力强和医疗水平高的师资人员，中山医学院成为居国内前列的、在海外颇有影响的医学院。

1977 年，国家恢复统一的高校招生考试制度，中山医学院亦恢复招生。中山医学院于 1977 年恢复本科教育，1977 级、1978 级和 1979 级的学制均为 5 年。

1978 年 2 月，国务院转发教育部关于恢复和办好全国重点高等学校的报告。中山医学院被确定为全国四所重点高等医药院校之一，是教育部与卫生部双重领导的重点学校。

中山医学院的学制自 1980 级改为六年制，直至 1987 级。1988 年，学制由 6 年改为 5 年。

中山医学院自 1980 年进行招生改革，开办自费走读生班。

1982 年 1 月 5 日，国务院学位委员会、教育部联合发出通知，下达经国务院批准的我国首批有权授予学士学位的 458 所高等学校名单，中山医学院被首批列入。

20 世纪 80 年代初，中山医学院深入开展高等医学教育改革，开创迅速发展的新局面，高等医学教育规模、结构、质量、效益逐步趋向合理。

中山医学院从 20 世纪 70 年代后期又取得一系列的科研成果。

1978 年 3 月 18 日—31 日，在北京召开的全国科学大会表彰了一批科研成果。卫生部门获奖 335 项，其中，中山医学院获奖的项目有：鼻咽癌的防治研究、角膜移植治疗失明、广东稻田尾蚴皮炎与裂体科吸虫、FB-2A 型反搏系统、中国吸虫区系调查和生态学研究、苯酚胶浆闭塞输卵管绝育法等，共23项。

1978年6月3日—12日，卫生部为了贯彻全国科学大会精神，召开全国医药卫生科学大会，奖励697项先进典型和优秀科技成果，其中，中山医学院的"肺吸虫研究""麻风病的研究""断肢再植""鼻咽癌的放射治疗"等榜上有名。

中山医学院发展为一个多学科、多专业的医学院校。

1978年，中山医学院设有医学、卫生、口腔共3个专业。1979年，中山医学院新设法医专业。卫生部在1981年1月召开的部属高等医学院校工作会议上，要求部属院校根据精简的原则，从实际出发，确定学校的任务、规模、专业设置、学制、编制，在5年左右的时间内保持不变。中山医学院根据"三点"要求和"五定"方案，在进行社会需求调查研究的基础上，调整专业结构，挖掘办学潜力，努力开办新兴、短线的专业。1984年，设立中山医学院法医学系；1985年，新办医学营养系。至此，中山医学院共设4个系和2个专业（班），专业数增加到11种，覆盖我国大多数医学专业，专业结构逐步趋于合理，在校生约有3 000人。其中，医学系的医疗专业、口腔系的口腔专业、卫生系的卫生专业、法医学系的法医专业授予学士学位，学制均为6年。根据广东经济社会发展与卫生事业的需求情况，中山医学院采取多种办学模式。例如，以"前期趋同，后期分流"的形式在医疗专业、卫生专业中实行后期分流，以培养麻醉、放射、健康教育、妇幼卫生等专业急需的短缺本科专门人才。

截至1985年6月20日中山医学院更名为中山医科大学，中山医学院已发展为一所多层次、多专业、多形式办学的著名高等医学院校，是首批硕士、博士学位授予单位之一，设有医学、口腔、卫生和法医4个系及放

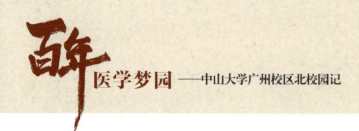

百年医学梦园——中山大学广州校区北校园记

射学、麻醉学、高级护理、临床营养等专业（班），含11个博士专业、32个硕士专业、6个本科专业和4个专科专业。全校共有60个基础和临床教研室，3间综合性医院（为附属第一医院、附属第二医院和附属第三医院）和2间专科医院（为眼科医院、肿瘤医院），共有病床2 000多张。中山医学院下属的中山眼科中心是我国第1间从事眼科研究，提供眼科预防、医疗、教育服务的机构，其中，眼科医院是全国最大的眼科专科医院。科研机构有肿瘤、眼科、生理、寄生虫、心血管疾病、预防医学等6个研究所，25个研究室和1个中心实验室。肿瘤研究所是世界卫生组织在我国的肿瘤研究协作中心之一。中山医学院主办的期刊有《中山医学院学报》《国外医学内科学分册》《中华医学文摘》《中华肾脏病杂志》《中国神经精神疾病杂志》《显微医学杂志》《新医学》《家庭医生》《癌症》等，发行量达90万册。全校面积为385 900多平方米，建筑面积为30万平方米。校图书馆建筑面积为$7\ 436\ m^2$，藏书40余万册，订有中外文期刊3 000种。1985年，国家拨款1 590万元，其中，教育经费934万元，基建投资656万元。

全校教职员工共有5 000多人，其中，教授、副教授共354人，讲师538人，还有相当于讲师及讲师以上职称的技术人员300多人。在校学生近4 000人，其中，攻读硕士、博士学位的研究生393人，六年制本科生2 549人，外国留学生48人，三年全日制专科班学生120人，夜大学四年制学生353人，进修生400余人，附设卫生学校学生500多人。

中山医学院在其发展过程中，一贯重视教育师生坚持按严格的要求、严肃的态度、严密的方法进行基础理论、基本知识、基本技能的训练；培养良好的学风；重视开发学生智能，培养学生的自学能力、动手能力、创造能力；提高外语水平，以适应社会发展的时代要求。中山医学院先后兴建医学遗传学、核医学、康复医学、临床药理学、生物医学工程、临床流行病学等一批新兴和边缘学科教研室，注意学科新发展，开设新课程，更新教学内容，改进教学方法，使中山医学院的毕业生以基础扎实、适应性强、发展后劲大而著称，并在国内外获得称誉。

中山医科大学

1985年6月20日，中山医学院经卫生部批准，正式更名为中山医科大学。1985年9月26日，邓小平为中山医科大学题写校名。学校全面朝着"教育要面向现代化，面向世界，面向未来"的方向加紧改革和建设，进一步提高学校的教学、科研、医疗和管理的水平与质量，逐步把中山医科大学建设成为拥有多院系的现代医科大学。

中山医科大学有多个院系。

法医学系是我国现代法医学教育的发源地之一，其前身为1953年成立的学校法医学小组，附属于病理学教研室。1979年，随着中国的刑法和刑事诉讼法的颁布，我国恢复法医鉴定体系。随后在卫生部的批准下，中山医学院于1979年开始招收法医学专业本科生；1984年，成立法医学系；1985年，成为教育部批准的第一批具有硕士、博士学位授予权的专业点；1988年，成立法医学鉴定中心。1998年3月，法医学系与基础学院、科技开发部组建为中山医科大学基础医学院。1999年，中山医科大学开始接受博士后人员；2000年，法医学成为广东省重点学科。法医学系面向全国招生，形成法医本科、硕士、博士研究生、博士后的多层次法医人才培养体系，成为我国法医人才培养和成长的重要基地之一，在我国现代法医学教育中有着举足轻重的地位。

附设护士学校的前身,是于 1953 年 8 月由博济医院高级护士职业学校和中山大学医学院附设护士学校合并而成的华南医学院附设护士学校。"文化大革命"期间,附设护士学校于 1968 年 12 月被撤销。1978 年 2 月,为了加强和充实医学技术队伍,培养护士和技术人员,中山医学院党委决定复办中山医学院附设护士学校。同年 8 月,经国家卫生部批准,中山医学院附设护士学校招收高中、初中毕业生 120 人,开设护士、医学实验技士 2 个专业,学制 3 年。1980 年 10 月,在中山医学院校园内初步建成中山医学院附设护士学校校舍,学校教学工作得以正常开展,当时在校生为 360 人。1985 年 6 月,中山医学院附设护士学校改称为中山医科大学附设卫生学校。同年,该校开设成人中专教育,设护士、口腔医士专业。1987 年 8 月 20 日,中山医科大学护理系正式成立,护理系设立系办公室及护理学基础、内科护理学、外科护理学、妇产科护理学、儿科护理学 5 个教研室。1991 年和 1992 年,中山医科大学又先后增设普通中专放射医士班和英语护士班。1993 年起,口腔医士专业增设普通中专班。1998 年 5 月 8 日,中山医科大学成立护理学院。

公共卫生学院的前身为 1956 年成立的卫生学教研室,于 1976 年成立卫生系。1986 年,中山医学院卫生系更名为中山医科大学公共卫生学院。

口腔医学院初建于 1974 年,原名为中山医学院口腔系,1997 年更名为中山医科大学口腔医学院。1996 年年底,中山医科大学口腔医疗中心正式更名为中山医科大学附属光华口腔医院。1997 年,口腔医院新综合大楼正式启用,中山医科大学口腔医学系更名为中山医科大学口腔医学院,填补了华南地区没有口腔医学院的空白,并为以后在广东乃至华南地区形成以中山医科大学口腔医学院为辐射中心的学术圈打下了基础;同年,中山医科大学口腔医学实验中心建成，结束了口腔医（学）院没有自己的科研实验室的历史，大大改善了科研支撑条件，口腔医（学）院集医疗、教学、研究于一体的模式正式确立。

1991年，投入中山医科大学的教育总经费为2 192万元，与1980年的828万元相比增长了1倍多。1980年以来，国家拨给该校的教育经费和基本建设费用也呈逐年上升的趋势。中山医科大学不断加快改革办学的步伐，争取世界银行贷款，增加教学投入，推进内涵建设，加强对外交流与合作，使高等医学教育的体系和结构逐步向比较合理的方向转变，努力为本地区经济建设和社会发展服务。

1993年7月，国家教育委员会颁布重新修订的《普通高等学校本科专业目录》，对1988年的专业目录进行很大的调整，拓宽了专业口径，增强了专业适应性，反映我国的教育改革与高校专业结构的变化。

在此阶段，中山医科大学设置五年制的基础医学、预防医学、临床医学、医学营养学、口腔医学、法医学、护理学7个专业，对临床医学专业还设置了七年制。1996年，中山医科大学经卫生部批准，在公共卫生学院增设妇幼卫生专业（本科），使本科专业总数达到8个。

为积极适应扩招学生后确保教学质量的需要，中山医科大学利用创建"211"工程的机遇，集中力量加强教学基本建设，完善实验教学设施，增建公共教学场所，改进教学手段，使教学条件和教学环境得到较大改善。

为解决高校扩招后师资相对紧张的状况，中山医科大学积极采取相关措施，提高教师队伍的数量和质量。

在2001年10月与中山大学合并以前，中山医科大学共设置8个学院、4个系、30个博士专业、52个硕士专业、9个本科专业、3个专科专业。共

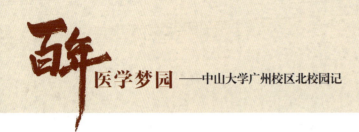

有专任教师 428 人，其中，教授 58 人、副教授 101 人、讲师 178 人、助教 63 人、教员 28 人。在校学生总数为 7 761 人，其中，博士研究生 468 人、硕士研究生 952 人、本科生 3 640 人、专科生 443 人、夜大本专科生 1 686 人、成人脱产班 572 人。该校招收各类学生 2 472 人，其中，博士研究生 178 人、硕士研究生 399 人、本科生 825 人、专科生 112 人、夜大本专科生 754 人、成人脱产班 204 人。该校毕业生共 1 290 人，其中，博士研究生 136 人、硕士研究生 213 人、本科生 588 人、专科生 67 人、夜大本专科生 159 人、成人脱产班 127 人。拨款总额为 9 808 万元，其中，国家拨给的教育经费 7 648 万元、基建投资 860 万元，地方拨款 1 300 万元。

下篇

（2001年至今）

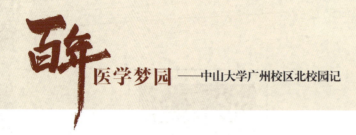
医学梦园——中山大学广州校区北校园记

2001年10月26日，中山大学和中山医科大学实现强强联合，成立新的中山大学。医学教育进入以综合性大学为依托的模式而得到新的发展。

中山大学、中山医科大学合并组建新的中山大学大会（中山大学档案馆提供）

下篇（2001年至今）

校园的发展

中山大学与中山医科大学合并后，中山医科大学校园成为中山大学北校区，校园大致葆有原有的格局。

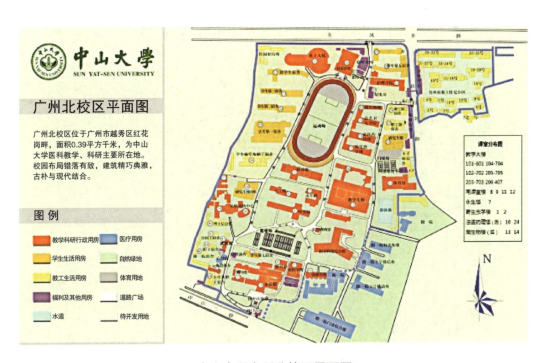

中山大学广州北校区平面图

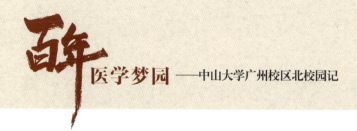

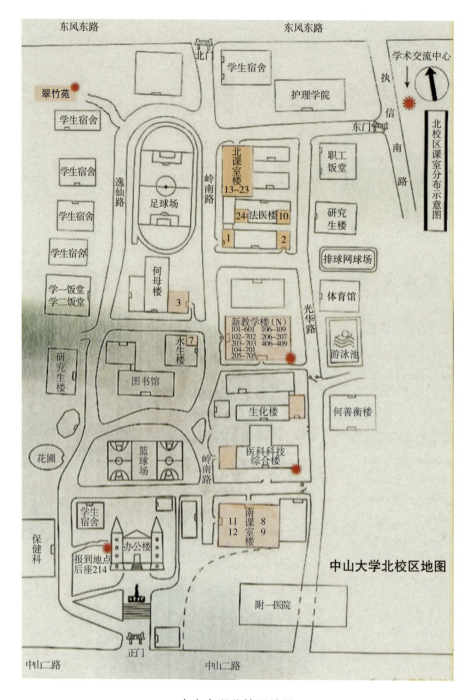

中山大学北校区地图

下篇（2001年至今）

中山大学北校区俯视图

后来，中山大学北校区成为中山大学广州校区北校园。

中山大学广州校区北校园居广州市越秀区红花岗畔，南北跨中山二路与东风东路之间，西邻烈士陵园，东跨执信南路俯望农林下路，占地 0.208 km^2。校园内，驻有中山医学院、公共卫生学院、光华口腔医学院、护理学院、医学图书馆、医学档案馆、医院管理处、医学教育研究中心、医学继续教育中心等医学教育单位，并驻有学校机关、后勤的部分延伸机构，是一个完整的医科教育校园。校园内有办公大楼等管理办公地点、教学科研区、学生生活区和教工生活区（竹丝村），配备医科教育设施及生活设施，以医科教学、科研为主，具备医学教育园区的功能。

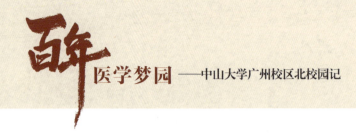

百年医学梦园——中山大学广州校区北校园记

中山大学中山医学院

中山大学公共卫生学院

下篇（2001年至今）

中山大学护理学院

中山大学光华口腔医学院

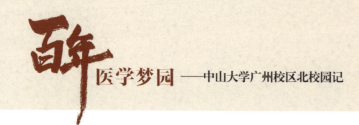

百年医学梦园——中山大学广州校区北校园记

在发展着的校园中，现代化大厦群簇拥着以办公大楼、图书馆大楼、医学博物馆楼为中心的红墙绿瓦建筑群。以孙中山学医纪念像为中轴开端点的校园，在原有格局基础上有了新的发展，焕发现代医学院校的新风。传承百年的医科精神文化与现代医学科学发展理念融合于校园中。

中山大学广州校区北校园规划总平面图

下篇（2001年至今）

中山大学广州校区北校园鸟瞰图

百年医学梦园——中山大学广州校区北校园记

鸟瞰中山大学广州校区北校园

中山大学广州校区北校园，林荫映路，树影披楼，景秀境恬，楼台亭廊错落于流逸当代园风兼融岭南传统风致的林园中，在广州繁华闹市中仍是一方静地。校园中，随园区地势建成林园，因形就势地顺着岗坡、坡间、平地，种树，栽花，植草。名树成林，佳卉成丛，清艳鲜花连成圃。适宜在亚热带生长的植物与各类引种的名花异木长于林圃。四季常绿的青

下篇（2001年至今）

草成坪如茵，生于林间、路边、坡面，为培养疗病救人专才的医学院校染抹一片片渲染生命气韵的绿。风扬雨涤林园百载，年复一年叶茂荫浓，长年一地婆娑树影，春夏秋冬依然一园碧照翠光，在一园碧翠中点染着红紫黄蓝白各色英彩。绿林间、草坪上、花卉丛中，不时见一尊雕塑。一方林园式医科校园，静静倚立红花岗边，安坐于广州两条车流昼夜不止的主干道——中山路与东风路之间。

校园静地

中山大学广州校区北校园大致保持两校合并前与中山医科大学附属医疗机构的地缘关系，东与国内一流的现代化三级甲等综合性医院——中山大学附属第一医院紧密相连，展现当今先进医学教育模式所呈现的集教学、医疗、科研于一体的校园布局。紧贴校园的医院总占地面积为 59 907 m^2，

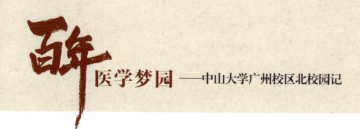

医学梦园——中山大学广州校区北校园记

房屋建筑面积为 262 061 m²。医院不断有新的建筑兴建，门急诊大楼于 2002 年投入使用。2006 年年底，开始拆除工字楼的前座和主楼。2014 年 8 月，在原址上新建的手术科大楼正式启用，仅剩的工字楼后座仍设置医院近 60% 的手术间。2015 年 1 月，工字楼拆除完毕。北校园北与中山大学附属肿瘤防治中心隔东风东路相向，与东北方向的中山大学中山眼科中心隔执信南路和东风东路相近，西隔烈士陵园与中山大学附属口腔医院相望，这既有利于医疗机构依托学校的教研力量与设施提高医疗水平，又有利于医科教育特别需要的与医疗实践的紧密联系。北校园周围大型医院林立，南与广东省人民医院隔中山二路相迎，西北与以传染病防治及肝病综合治疗为特色的广州市第八人民医院相向，东与农林下路上的广东药科大学附属第一医院相望，成为广东省会广州市医院集中地的医疗、教学、科研重心，既有利于支持本地医疗及公共卫生事业发展，又有利于校园内的医科学院开展医教实践及安排学生进行临床实习和见习。

合校后，中山大学广州校区北校园在原有格局的基础上有新发展，在保持基本空间范围的条件下，内部结构有新调整与新布局。北校园各分区的高层化发展是校园发展的最明显特征，这使北校园在所拥有占地面积限定的情况下，获得更大的校园空间。北校园里的高厦持续在建，教学区、科研区、学生生活区不断地高层化。在合校前已经出现的校园高层化趋向，成为今天北校园的发展大势。北校园各分区的高层化发展，簇拥着相对稳定不变的校园中心文化区与管理区展开，即以孙中山学医纪念像为前端的中轴线上办公大楼和图书馆及中轴线东侧的医学博物馆为中心展开。这既能使北校园在既有条件下获得大规模发展，又葆有物化的校园精神文化传承。合校后北校园布局的新调整，在原先奠定的格局上开展，并在发展中

下篇（2001年至今）

进行。北校园保留具有历史文化意义的建筑。校友会堂、病理学科楼、基础学科楼、生理生化楼被相继拆去，新的建筑相继落成。一座座现代型高厦拔地而起。校园格局亦随之出现新的整合，原来分布于校园各处的科研机构、教学单位、学生宿舍和管理部门逐渐集中，为校园的集中管理和现代化运营带来便利，并形成新的校园管理模式。

葆有在校园历史核心建筑中的校园精神文化，是一所学校最珍贵的资产，其在长期的历史积淀与特殊的时代条件中形成，不可复制，难以替代。办公大楼、图书馆、医学博物馆鼎立之地，为北校园的文化和管理的中心区。在此，成林碧树环拥着的三座红楼，碧照彤辉交映于校园，并辐射开去，使高厦纷起凸现的北校园显现朝具有历史感和文化感的中心区向心归拢之势，北校园便有了内在的统一与秩序。耸立在北校园中轴线上的办公大楼、图书馆和中轴线东侧的医学博物馆，在经历悠悠百载风雨后，依然屹立岗上，气象不易，本色不变。作为北校园核心建筑的三座红楼，在建成后的一定历史背景中所经历的修缮、改造、修复，及其功能的变迁，仿若挺身迎接一次次不同时代风雨的洗礼，留下历史变迁的深刻铭记与年代符号。然而，三座建筑所体现的共同精神文化，在百年基本葆有的形态中长存至今，并成为百年校园之魂载体的核心。小红楼由行政办公用房改造为医学博物馆，并在馆旁竖立原刻有"博濟醫院"4个字的石柱（石柱上仅存3个字）和基座有题字的塑像，提升了小红楼传承校园历史文化的意义，亦提高了三座红楼所在地的校园历史文化地位。三座红楼仿佛在无声叙述校园从发端至今的历史，默诵百年的曲折与辉煌，默声歌咏一代接一代的医科风流。校园中心之域，仿若在以三栋建筑从创建时长存至今的共同风格宣示，经过百年变迁考验仍存的独特医学院校文化、求索并坚守

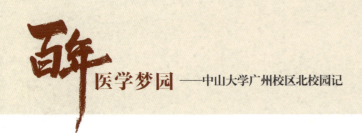

的医学梦园理想、存续于一代又一代医科人身上的医魂、延续百年的校园文脉，感染、凝聚、召唤校园里的医科人为代代传承的事业而努力。

除三座红楼外，中山大学广州校区北校园还保留保健科楼、动物场楼、老干处楼、武装部楼、光华口腔医学院楼和寄生虫学科楼等一些历史建筑。这既保护了历史文物建筑，又强化了校园精神文化的传承。

中山大学广州校区北校园教学区在合校后从原有格局出发，有新的调整、新的发展。新教学楼在合校之初即宣告落成，教学空间扩大，更便于教学管理。增设的先进的现代教学设施有利于医学教育的发展。

中山大学广州校区北校园科研区在合校后亦在原有基础上有跨度较大的发展，标志是医学科技综合楼的建成。之后高层科研建筑不断建成，如3号医学科研楼的建成。

中山大学广州校区北校园的学生生活区也在原有基础上有新的发展。合校后，高层学生宿舍楼建成，如32层学生宿舍楼的建成。

中山大学广州校区北校园的多功能体育馆落成。

孙中山学医纪念像

建于1986年的孙中山学医纪念铜像，仍居校园中轴线前端，昂立办公楼前（详见本书上篇），耸立在发展中的校园建筑群聚焦点之上。2010年1月，孙中山学医纪念像作为文物保护单位被列入《广州市内文保单位、历史文化名城及保护区保护规划、骑楼保护规划、近现代优秀建筑、工业遗产名录》。

下篇（2001年至今）

孙中山学医纪念像

办公楼

进入北校园南校门，经数十级长长的石阶，一座红楼矗立于孙中山学医纪念像后之岗上，迎南背北，昂临大门，居校园中轴线上，静屹于校园中心前端，岿然如山。全楼耸立岗顶，阔视校园内外。屹立过百年的红楼，朱红楼墙与顶上碧瓦耀映，华树环拱，浓荫垂洒，绛红楼辉透林丛而出，

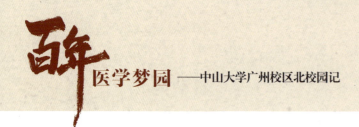

百年医学梦园——中山大学广州校区北校园记

四映校园，楼顶碧塔尖伸出群树梢头，指点天穹。楼顶与群树一色之碧辉覆映校园，时移百载，依旧恢弘典贵。这是中山大学广州校区北校园的办公楼，人们习惯称红楼。

竣工于1918年的红楼，经百载而结构未易，花岗岩石砌筑基础层依旧稳若泰山。3层高的办公楼，前后两座贯通一体，经数度改建重修后总建筑面积仍为 5 750 m²，地下室还在。内部空间亦百年基本未变，总面阔 93.5 m，总进深 61.5 m，百年仍葆其中西合璧、以欧洲古典主义为主调的建筑风格。经春秋岁月砥磨与雷电风雨考验，历各时期建筑功能与用途的改变，这座以毛竹取代钢筋的红楼，稳固如初，气度依然，建筑风格保持不变。柱廊式的前座正立面，以弘壮水刷石米的爱奥尼式钜柱贯通第 2 层和第 3 层。壮挺坚厚的结构形态，让人感受到穿越一轮轮历史风雨后依然屹立的内在支撑强力。底层以砖砌方柱承托如山座之稳，展示红楼经风历雨仍坚之本原。前座两边、东西两翼外侧、西翼后座西端 5 处经历过建、拆、再建的耸尖圆形塔状角楼望空升耸，似喻竞上追变的校园精神文化之风，在与校园同历的变迁中弥坚弥新；后座碌灰筒瓦成面舒卷，悬山顶钩飞展扬，全楼风格厚重中见灵动飞扬，从整体构造到细末修饰，处处散发恒存百年的西洋建筑艺风兼具中华建筑古艺传风，崇尚现代科学文化与尊崇民族传统文化合一之魂，寄存于百年不泯的艺术流风中。百年医学理想梦园的精神辉芒，如若在红楼砖瓦石木的光泽中折映而出。

2002 年，第 4 层临建房拆除并全面刷新。后座的一些住户用房亦已清理完毕。

红楼顶层保留邓小平为中山医科大学题写的校名。前座门柱镶嵌着楹联"医病医身医心，救人救国救世"，原联在 1927 年秋由时任校长戴季陶撰题，后遗失。2010年5月，中山大学根据历史照片，按戴季陶的笔迹重修楹联，用黑色大理石刻并镶嵌于原廊柱上。此楼于2010年1月作为文物保护单位被列入《广州市内文保单位、历史文化名城及保护区保护规划、骑楼保护规划、近现代优秀建筑、工业遗产名录》。

中山大学和中山医科大学合并后，红楼由中山医科大学行政办公楼改为新的中山大学北校区办公楼，后来又成为中山大学广州校区北校园的办公楼。目前，大楼有中山医学院、公共卫生学院、医院管理处及中山大学的一些部门在北校园的办公室。

中山大学广州校区北校园正门

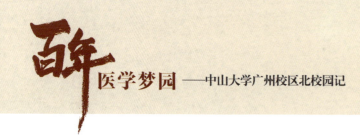
百年医学梦园——中山大学广州校区北校园记

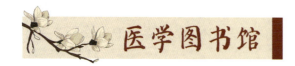
医学图书馆

中山大学医学图书馆楼坐落于中山大学广州校区北校园中心。该楼前座竣工于1918年3月。在中山大学和中山医科大学合并前，此楼是中山医科大学图书馆楼，于2010年1月作为文物保护单位被列入《广州市内文保单位、历史文化名城及保护区保护规划、骑楼保护规划、近现代优秀建筑、工业遗产名录》。

中山大学广州校区北校园的图书馆楼前座，坐北朝南，四周林丛环绕，浓荫披护，碧映红墙，环境清幽，百年来长葆欧洲古典主义建筑风格又兼纳中国传统建筑之风。

始终居中屹立校园的红楼，在经历了一个多世纪的风雨沧桑后，仍较完整地被保存下来，丰富了校园的人文资源和教育资源，有利于优化素质教育的育人环境，有利于医科人才的育成。

经过多年的发展建设，医学图书馆已经形成以生物医学为特色的馆藏体系。

中山大学和中山医科大学合并后，此楼属于中山大学医学图书馆。几经扩建，设有办公室、参考咨询部、流通部、期刊部等部门。图书馆馆藏医学文献丰富，医学类检索工具齐全，是华南地区重要的医学文献信息中心之一，也是卫生部全国医药卫生文献资源分享网络的省级中心馆。

2001年后，医学图书馆进行2次较大规模的装修改造，实现集借、阅、

下篇（2001年至今）

藏于一体的全开放式服务与管理格局，环境舒适优美，布局合理，既呈现厚重的历史文化感，又体现现代图书馆的先进服务理念，强化了校园的现代性。

2002年，中山大学广州校区北校园对图书馆楼进行全面整修，使图书馆楼前座更为典雅，为校园增添了一道雅辉典丽的风景。

中山大学广州校区北校园的图书馆现有馆舍面积1.1万平方米，设办公室和公共服务部，周开馆时间达100 h。北校园图书馆馆藏文献资料达65万册/件，每年新增中外文新书近1万册，订购中外文报刊1 600多种。电子资源非常丰富，医学类外文电子期刊7 000多种。通过图书馆引进的新一代学术资源发现与获取系统——"智慧搜索"，可轻松、快捷、有效地实现对中山大学图书馆所有纸本书刊、电子书刊、学位论文、多媒体等各种形式、各种类型文献资源的"一站式"跨库检索与全文获取，大大提高文献信息资源的利用率。北校园图书馆建立主干为千兆，到桌面为百兆的高速局域网，与中山大学总馆及其他分馆统一使用ALEPH500图书馆集成管理系统，并建立无缝连接，形成便利的分布式数字化信息服务网络，实现文献资源的共建、共知、共享，及图书资料的通借通还。北校园图书馆全面实现无线网覆盖，并建立拥有100台电脑终端的电子阅览室，每周7天，每天14 h为师生服务。北校园图书馆秉承中山大学图书馆公平、开放、共享的图书馆理念，践行"智慧与服务"的馆训，大力倡导"以读者为中心"的优质服务和人性化服务，开展文献借阅、新书通报、馆际互借与文献传递、虚拟参考咨询、代查代检、用户培训、文检课教学、科技查新、学科服务等全方位、多层次的文献信息服务，不断提高服务水平。

百年医学梦园——中山大学广州校区北校园记

中山大学广州校区北校园图书馆正面

中山大学广州校区北校园图书馆侧面

下篇（2001年至今）

中山大学医学博物馆楼，又称"小红楼"，坐落于中山大学广州校区北校园中轴线东侧。小红楼竣工于1925年，与北校园的办公楼和图书馆楼一样，楼面建造采用毛竹代替钢材，经近百年风磨雨洗，依旧沉稳地屹立岗上，坐东朝西，朱墙碧瓦，重檐四角攒尖顶，是一座兼具欧洲古典主义建筑风格与中式楼亭建筑风格的3层红砖楼，建筑面积350 m^2。小楼四周绿树成荫，花卉绕拥，茂叶树下青草如茵，红楼掩映于碧树绿丛之中，彤翠相映，在青枝翠叶披护下的红楼墙上、碧檐下高悬题写着"醫學博物館"的匾额。

中山大学和中山医科大学合并后，该楼仍作为基础医学院办公楼。2004年11月11日，中山大学医学博物馆揭幕开馆，此楼辟为医学博物馆楼。大楼内展厅面积300 m^2，馆藏珍贵的实物、图片近3 000件，展示中山大学医科教育自1866年办校以来，100多年的曲折又辉煌的历程、所具有的精深厚重的历史文化底蕴。医学博物馆以反映中山大学医科风貌，开我国西医教育先河，发展医学教育的历史沿革为线索，以名人、大师为亮点，以医学发展为主题，通过实物、图片展示中山大学医科在岭南地区乃至国内外医学发展上的历史地位与重大贡献。

第一部分"杏林沧桑"（1866—1953年）主要介绍创办于1866年（清同治五年）的我国最早的西医学府——在博济医院开办的西医校、创办于1908年（清光绪三十四年）的我国首家由中国人自办的西医学府——广东

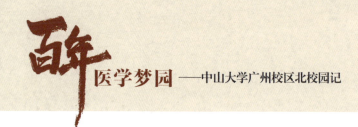

百年医学梦园——中山大学广州校区北校园记

光华医学堂、创办于1909年（清宣统元年）的岭南地区早期西医学府——广东公医学堂，展现这3所西医学校分别由中国近代早期的西医学校发展为岭南大学医学院、光华医学院、中山大学医学院，再到中华人民共和国成立初期三所医学院合并的历程，陈列这一历史时期的实物、图片，还介绍学校医科开创的我国医学与医学教育的多项第一。

第二部分"群星璀璨"（1953—1965年）主要展示中华人民共和国成立后三院合并成华南医学院到中山医学院的12年间，以"八大教授"为代表的众多医学名家、大师在教学、科研、医疗上的学术成就与突出贡献。

第三部分"风正帆扬"（1966年至今）主要陈列中山医学院发展为中山医科大学，至21世纪初与中山大学合并组成新的中山大学的这一时期，在医学事业上所取得成就的实物、图片。

中山大学医学博物馆

下篇（2001年至今）

第四部分"柯麟院长纪念室"主要陈列我国已故著名医学教育家、中山医学院首任院长柯麟生前各个历史时期的珍贵实物、照片、资料等。

第五部分"医学实验设备"主要展出学校师生曾经使用过的一些医学仪器设备，以及再现20世纪50—60年代医学科研实验室的场景。

掩映于树荫的中山大学医学博物馆

中山大学医学博物馆北面的翠绿草坪上，安放一尊塑像，其大理石基座铭有先后担任过中山大学医学院院长、华南医学院院长、中山医学院院长的柯麟于1990年6月的题词"崇尚醫德，端正学风"。

2010年1月，该楼作为文物保护单位被列入《广州市内文保单位、历史文化名城及保护区保护规划、骑楼保护规划、近现代优秀建筑、工业遗产名录》。

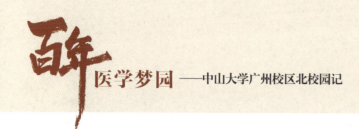

塑像及柯麟题词

19世纪，博济医院的大门位于现广州市仁济路，当时为一座门楼，两根石柱。由于真光女子书院的地点与博济医院隔一条窄巷，故而，门楼左

书"真光書院",右书"博濟醫院",横写英文"CANTON HOSPITAL"。博济医院于1879年接收真光女子书院的2名女学生,开辟了中国历史上女子学习西医的先河。

沧桑百余载之后,仁济路上博济医院的大门已不复见,唯原刻有"博济醫院"4个字的石柱仍存,石柱现仅存3个字。2004年,该石柱被发现后,被转交中山大学医学博物馆,立于医学博物馆旁。石柱现存高度1.5 m以上,呈方形,边长约为30 cm。石柱的铭牌写着:"此石柱在原博济医院即现孙逸仙纪念医院内发现,于2004年11月由中山大学医学博物馆收藏于此。"

石柱

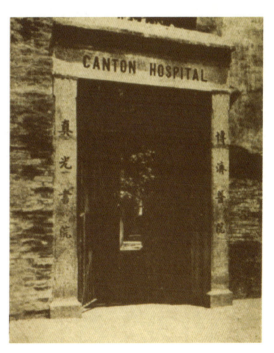

门楼

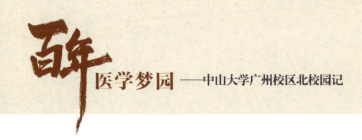

保健科楼靠近中山大学广州校区北校园南门。该楼建于 1927 年，工程造价 18 620 元，建筑面积 565 m²。楼高 2 层，坐西朝东，现正门仍清晰可见国立中山大学校长戴季陶于 1931 年春题写的"藥物學研究所"石匾额。此楼最初设有 2 间化学实验室，以及主任室、助教室、图书室、教室、陈列室、天平室、仪器室、化学药品及玻璃贮藏室、动物饲养室各 1 间。动物饲养室内饲养的动物可供实验之用。该楼不但具备教学科研的用途，还兼具举办学术报告、讨论会的功能。

保健科楼建成之初，为药物学研究所用房，后也曾作为宣传部办公用房和中山医学院、中山医科大学保健科用房，现属于中山大学附属第一医院北校区门诊部。

保健科楼于 1999 年 7 月由广州市人民政府确定为广州市文物保护单位，于 2010 年 1 月作为文物保护单位被列入《广州市内文保单位、历史文化名城及保护区保护规划、骑楼保护规划、近现代优秀建筑、工业遗产名录》。

下篇（2001年至今）

中山大学附属第一医院北校区门诊部 –1

中山大学附属第一医院北校区门诊部 –2

动物场楼

动物场楼，亦称动物中心楼，建于 1937 年（详见本书上篇）。1999 年 7 月，该楼由广州市人民政府确定为广州市文物保护单位，于 2010 年 1 月作为文物保护单位被列入《广州市内文保单位、历史文化名城及保护区保护规划、骑楼保护规划、近现代优秀建筑、工业遗产名录》。

动物实验大楼

2014年，为满足医学学科对转基因动物、条件致病性感染动物、动物行为学等专业化动物实验室的需要，以及医科日益增长的实验动物饲养的需求，中山大学对动物场楼进行改建，改建工程涉及的建筑面积约 636 m^2。

该楼现为中山大学实验动物中心，第 1 层为普通病毒感染实验室，第 2 层为基因工程实验室，第 3 层为机能实验室。

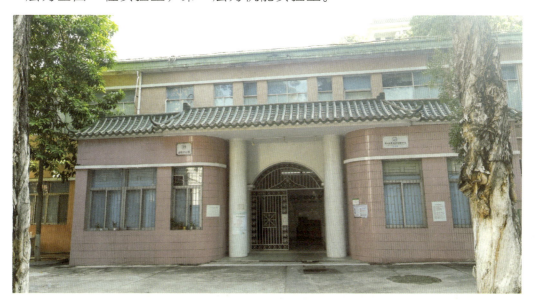

中山大学实验动物中心

老干处楼，亦称离退休办楼，坐落于中山大学广州校区北校园南校门西侧，于 1927 年竣工，工程造价 6 142 元。原楼具红砖墙、绿瓦顶。2021 年，该楼重修后外墙部分墙身刷白。该楼坐西朝东，建有地下室，建筑面积

305 m²，是一座中西合璧式建筑。该楼曾作为附属医院用房，用于解决附属医院病人日益增多的问题。当时，楼内设有手术室 1 间，面积较大，设备也较完善，是医科学生的实习场所。20 世纪 30 年代中期，该楼曾是眼科诊室。附属医院搬出后，此楼曾一度用作工人住房。

1999 年 7 月，该楼由广州市人民政府确定为广州市文物保护单位。2010 年 1 月，该楼作为文物保护单位被列入《广州市内文保单位、历史文化名城及保护区保护规划、骑楼保护规划、近现代优秀建筑、工业遗产名录》。

中山大学和中山医科大学合并后，该楼成为中山大学离退休干部处在广州校区北校园的办公场所和老干部活动的场所。

老干处楼 –1

下篇（2001年至今）

老干处楼 –2

老干处楼 –3

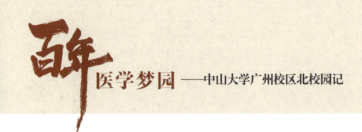

武装部楼紧临保健科楼，坐西朝东，建有地下室。工程造价3 390元，建筑面积171 m²。此楼落成后，为解决附属医院留院产妇日益增多的问题，该楼曾作为附属医院妇产科用房。

楼内设有临产室，设备比较完备。楼内有当时比较先进的生产用具及婴儿用具数百件。这里曾是医科五年级学生的实习场所。

20世纪70年代始，该楼一直作为武装部办公用房，曾用于存放军训枪械。20世纪90年代末，中山医科大学在该楼的北侧加建办公用房，形成1个四合院。该四合院现由中山大学武装部使用。

1999年7月，武装部楼由广州市人民政府确定为广州市文物保护单位，于2010年1月作为文物保护单位被列入《广州市内文保单位、历史文化名城及保护区保护规划、骑楼保护规划、近现代优秀建筑、工业遗产名录》。

武装部楼

下篇（2001年至今）

 何母刘太夫人中心实验楼

何母刘太夫人中心实验楼于1995年11月11日落成，由香港知名人士何善衡以何善衡基金会的名义捐资兴建。

何母刘太夫人中心实验楼 –2

百年医学梦园——中山大学广州校区北校园记

"人间天使"雕像

"人间天使"雕像是一座青铜雕像，矗立于北校园何母刘太夫人中心实验楼东侧草坪。这是"为纪念广大医护人员在2003年抗击'非典'中的英雄业绩和崇高精神而建造"。该铜像在《中国企业家》杂志社的倡议下，由中央美术学院教授魏小明设计创作，由国内23位知名企业家捐资兴建。"人间天使"铜像共两尊，一尊安放在清华大学，一尊安放于中山大学广州校区北校园。铜像通高7 m，其中，主雕像高3 m，青绿色，为一写意的白衣天使形象；底座高4 m，墨绿色，剑与缠绕的蛇造型寓意用科学手段战胜疫病。

"人间天使"雕像

下篇（2001年至今）

医学科技综合楼

医学科技综合楼位于中山大学广州校区北校园东南角，于2008年竣工，在2009年落成，楼高15层，造价105 570 219.60元，面积约38 000 m²，钢筋混凝土结构。整座大厦面南矗立，分东、西、北翼，呈展翼起飞之势，造型弘奇，楼态舒展。

恢弘的医学科技综合楼位于校园中部教学区内，西邻医学博物馆和图书馆，北望新教学大楼，南迎9层检验大楼。一棵高20米的名树——凤凰树高耸楼旁，枝叶茂展，翠影映楼。雄奇大楼靠近校园中心，西傍传统历史建筑群，前后及东面矗立颇具现代气息的高层新楼。这座具有独特造型美感与现代文化性的建筑，衔接于传统建筑与现代建筑之间，谐美过渡，赋校园以新的结构美。

医学科技综合楼总平面设计是综合校园总体规划和单体设计的系统工程，总平面设计与场地环境条件密切相关。"Y"形平面形成的三叉形使医学科技综合楼各个方向的形象都丰富而均衡；"Y"形平面南端的两条边相交构成120°的夹角，呈展臂伸迎之形，展迎纳拥接之势，主入口就设于此，给人一种舒放感、被迎纳感。在平面"尺"度上，根据场地的条件进一步进行优化，每层建筑面积控制在2 200 m²左右，建筑密度控制在20%以下，尽量增加绿化覆盖率。"Y"形平面3条边的宽度为19.8 m，中间走廊宽2.4 m，两边实验室进深8.7 m。医学科技综合楼

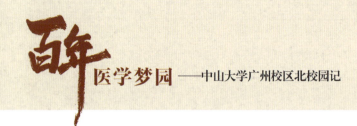

交通枢纽设在"Y"形的中心。

医学科技综合楼设有中山大学临床技能中心、医学标本馆、中山医学院各教研室、部分教学实验室及科研实验室。

医学科技综合楼 –1

医学科技综合楼 –2

大楼前广场上建有1座喷泉，缕缕飞泉散放为水花。在水花散放的喷泉前，一方略仰的殷红长石匾上题写着"中山醫學院"5个银色大字。

医学标本馆

医学标本馆位于医学科技综合楼第3层北翼和西翼，于2010年9月动工建设，2011年11月建成启用，是融医学多学科资源于一体的现代化医学标本博物馆。医学标本馆主要由标本馆展区（分为人文厅和专业厅两大部分）、临床医学模拟中心、志愿遗体捐献登记接受站和志愿者服务基地三大模块组成，占地面积5 000多平方米。馆内馆藏标本数量丰富、种类齐全，包括病理学、解剖学、胚胎学、寄生虫学、微生物学等各类的医学标本，包括液浸大体标本1万多件、玻片标本约12万件，其中，展出大体标本7 500多件，显微玻片标本1 000多件，另有各类模拟人体器官模型600多件。许多标本在国内享有盛誉，少数病理标本和寄生虫标本已成绝品，目前几乎不可能再收集到。丰厚的馆藏标本是中山大学医学教育发展的深厚底蕴和文化积淀的历史见证。

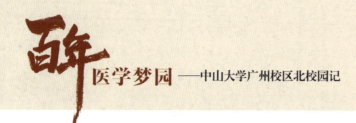
百年医学梦园——中山大学广州校区北校园记

医学标本馆

医学标本馆专业厅

下篇（2001年至今）

医学标本馆人文厅

3号医学科研楼

3号医学科研楼位于中山大学广州校区北校园东侧，靠近校园东门，建筑面积33 754 m²，地上14层，地下3层。地上第1至第3层为食堂，其余为科研实验室，改善了师生的就餐环境，增加科研实验空间。项目总投资24 300万元。项目建设工期为2018年11月至2021年8月。

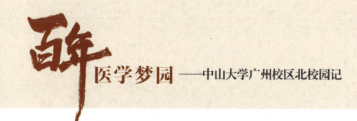

百年医学梦园——中山大学广州校区北校园记

3号医学科研楼

新教学楼

  新教学楼于2002年落成，造价50 344 705.66元，面积约21 000 m^2，楼高7层，钢筋混凝土结构，是一栋现代化的教学楼。大楼居校园中心的中轴线偏东，倚岗就势，面南矗立，有侧门西出校园中轴线上的斜坡路面。

下篇（2001年至今）

大楼外墙面主色呈具有亲和力的暖色，让人宁神静气，定心稳思。

中山大学广州校区北校园新教学楼–1

　　这座新教学楼采用天井结构设计，在节约占地面积的同时，四面相通的结构方便管理，亦方便各教室人员之间的交流。另外，楼中间的空地设置了数个小花园，可供师生活动。建筑内设有内廊式和外廊式走廊，可在一定程度上缓解人流密集的状况。楼内有大小教室及语音室和计算机房共约60间，每间教室均有先进的多媒体教学设备，整栋楼由中央空调提供冷气，是学习的理想场所。在楼层安排及分配上，每层都设置有可容纳149人的阶梯小教室1间及容积不等的小教室若干间。除第7层外，其余每层楼

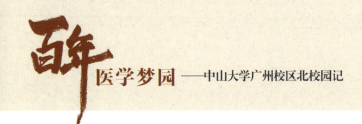
百年医学梦园——中山大学广州校区北校园记

均设有 1 间阶梯大教室,可容纳 270 人。第 1 层和第 2 层分别设置计算机房 4 间,可实现计算机和网络教学功能。此外,第 2 层的 206 计算机房配有 55 台电脑,每台电脑均配有耳机,兼具语音室功能;再加上第 4 层的 2 间语音室,听力设备和虚拟语音效果可满足学校英语教学的需要,而且便于学生进行口语训练和听力训练。第 5 层和第 6 层各设有 3 间形态学实验室,每间实验室内配有电脑和显微镜各 56 台,以进行日常实验教学工作。新教学楼的建成进一步扩大教学空间。

中山大学广州校区北校园新教学楼 –2

下篇（2001年至今）

32层学生宿舍楼

32层学生宿舍楼位于北校园东侧，建筑面积 55 418 m^2，地上32层（含设备转换层），地下4层，是一座现代化的学生宿舍楼。其为学生提供良好的住宿环境。项目总投资 30 154 万元。地下4层均设置停车场。地上第1层为公共大厅，供居住在楼内的学生进出宿舍楼。地上第2层设有医科期刊阅览室和心理咨询室。地上第4层以上各层均为学生宿舍区。

中山大学广州校区北校园32层学生宿舍楼-1

中山大学广州校区北校园32层学生宿舍楼-2

中山大学光华口腔医学院楼

中山大学光华口腔医学院楼为原人体解剖楼，落成于1954年，面积约3 500 m²，楼高3.5层，砖混结构。一楼大厅的右侧放有光华口腔医学院的前身——广东光华医学院的首任院长郑豪的纪念像。第1层设有学生管理科、学术报告厅和中山大学口腔医学研究所。学术报告厅独立于主楼，通过走廊相连，周围有6个小花池环绕。

中山大学光华口腔医学院楼

中山大学寄生虫学科楼

中山大学寄生虫学科楼落成于 1954 年,面积约 3 400 m²,楼高 4 层,砖混结构。2014 年 1 月 26 日,该楼被广州市人民政府确定为广州市历史建筑。

中山大学寄生虫学科楼

中山大学广州校区北校园运动场

合校前,原有的德国"巴斯库"12 mm 聚氨酯 PU 3 mm 塑料材料的田径场、德国"巴斯库"材料人造草皮足球场和软塑胶地面的排球场,在合校后曾有维修。

中山大学广州校区北校园田径运动场

下篇（2001年至今）

中山大学广州校区北校园球场

中山大学广州校区北校园多功能体育馆

  中山大学广州校区北校园多功能体育馆建筑面积 9 610 m²，地上3层，地下2层，其建成提升了北校园的体育设施水平，进一步完善了北校园的体育场所环境。项目总投资 7 650 万元。棕红色的外墙面让人精神振奋。

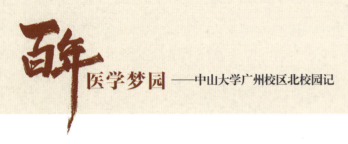
百年医学梦园——中山大学广州校区北校园记

中山大学广州校区北校园多功能体育馆

下篇（2001年至今）

中山大学附属第一医院院区

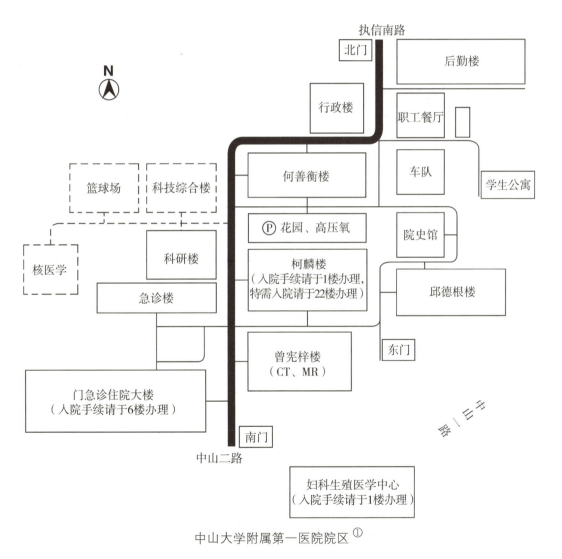

中山大学附属第一医院院区[1]

---

[1] 实线部分为中山大学附属第一医院院区。

百年医学梦园——中山大学广州校区北校园记

中山大学附属第一医院 –1

中山大学附属第一医院 –2

下篇（2001年至今）

中山大学附属第一医院门急诊大楼

中山大学附属第一医院门急诊大楼始建于1998年，于2002年投入使用，楼高17层，占地面积3 592 m²，建筑面积68 237 m²，是为患者提供门急诊就医的区域。

中山大学附属第一医院门急诊大楼

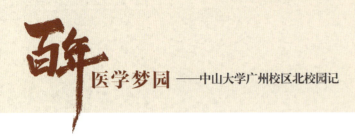

中山大学附属第一医院柯麟楼（手术科大楼）

中山大学附属第一医院柯麟楼（手术科大楼）始建于2008年，于2014年投入使用。楼高25层，占地面积3 962.7 m²，建筑面积103 122.1 m²。大楼主要由手术室与各外科病区组成。

中山大学附属第一医院柯麟楼（手术科大楼）

下篇（2001年至今）

 合校初期的医科

中山大学和中山医科大学两校合并后，中山大学医科有新的发展，形成新的格局与新的发展模式，并在继续调整中发展。医科的教学、科研、医疗，依托新的医学院校格局均有新的发展。合校后，中山大学实行一系列举措，进一步强化医科各专业和课程的建设工作，不断完善医学教育的教学质量保障体系，推进医学人才培养模式和教学管理体制等方面的改革。医学教育进入以综合性大学为依托的模式，教学得到新的发展，科研、医疗也取得新的成绩。

原中山大学、中山医科大学合并组建成新的中山大学后，中山医科大学所辖的相关单位调整如下。

中山医科大学所辖各单位统一更名为"中山大学＋单位名称"，即：

中山医科大学附属第一医院更名为中山大学附属第一医院。

中山医科大学孙逸仙纪念医院更名为中山大学附属第二医院（又名中山大学孙逸仙纪念医院）。

中山医科大学附属第三医院更名为中山大学附属第三医院。

中山医科大学中山眼科中心更名为中山大学中山眼科中心。

中山医科大学中山眼科医院更名为中山大学附属眼科医院。

中山医科大学肿瘤防治中心更名为中山大学肿瘤防治中心。

中山医科大学肿瘤医院更名为中山大学附属肿瘤医院。

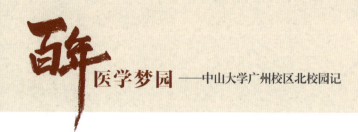
百年医学梦园——中山大学广州校区北校园记

中山医科大学附属光华口腔医院更名为中山大学附属口腔医院。

中山医科大学黄埔医院更名为中山大学附属第四医院（又名中山大学附属黄埔医院）。

中山医科大学附属第五医院（珠海医院）更名为中山大学附属第五医院（又名中山大学附属珠海医院）。

中山医科大学公共卫生学院更名为中山大学公共卫生学院。

中山医科大学口腔医学院更名为中山大学光华口腔医学院。

中山医科大学护理学院更名为中山大学护理学院。

中山大学中山医学院成立，下设基础医学部、第一临床医学部、第二临床医学部、第三临床医学部、肿瘤学部、眼科学系、法医学系。

中山大学医科加强质量文化建设，塑造教学品牌，充分利用文科、理科、医科等多学科的教学、学术优势，从本地区的实际情况出发，创造性地贯彻落实教育部的文件精神，启动"质量工程"，取得阶段性的成果，为提高办学竞争力奠定良好的基础。

中山大学文科、理科、医科融合，培养全方位发展的医学人才。为促进医学生提高综合素质，增强在中国加入WTO和教育国际化背景下应对新挑战的能力，中山大学发挥综合性大学的优势，从课程设置和第二课堂等多渠道着手，逐步推动医学学科与其他自然学科、人文学科之间的交叉、融合，优化医学人才培养模式。

中山大学医学教育坚持"三基三严"的教学传统，要求教师以严肃的态度、严格的要求和严密的方法，注重对学生基础理论、基本知识和基本技能的训练，严把质量关，鼓励采用启发式教学、自主性学习和研究性学习的新模式，增加综合性和探索性实验教学，改革大学公共英语教学模式、

下篇（2001年至今）

手段和考试方法，推进基于计算机的个性化英语教学，提高大学生的英语综合实用能力。在此基础上，中山大学实行"三早"（即早期接触临床、早期接触科研、早期接触社会）的教学改革，推动创新教育的进一步发展。

中山大学加强教学质量监控的制度化和组织建设，突出规范意识和质量意识，加大对临床教学基地的建设力度；继续办好七年制医学教育，探索八年制医学教育；参加全球医学教育最低基本要求评估，推进医学教育与国际接轨；以本科教学水平评估为契机，增强办学实力；开展多种形式的研究生教育；建立药学院。

在医科科研工作方面，中山大学以学科建设为主题，充分发挥医学学科优势，形成内分泌与代谢病学、肾病学、神经病学、普通外科学、眼科学、耳鼻咽喉科学、肿瘤学、卫生毒理学、药理学等重点学科和优势研究领域。

在"十一五"期间，中山大学医科获得"973计划"（含重大科学研究计划）课题20项，其中，作为首席科学家承担的项目4项；国家自然科学基金杰出青年基金7项，重点项目28项；"863计划"项目25项，其中，作为组长单位承担"863计划"重大研究项目1项；国家传染病和新药创制科技重大专项项目20项；国家科技支撑计划项目4项；卫生部临床学科重点项目32项、公益性行业基金5项。获得国家科技进步二等奖4项，省部级一等奖19项。中山大学中山眼科中心杨培增主持完成的"葡萄膜炎发生及慢性化机制、诊断和治疗的研究"、中山大学附属第一医院余学清主持完成的"肾小球疾病免疫发病机制及治疗干预系列研究"、中山大学肿瘤防治中心马骏主持完成的"基于现代影像技术的鼻咽癌综合治疗研究及应用"和中山大学中山眼科中心葛坚主持完成的"青光眼临床诊治模式的转变"

获得国家科学技术进步二等奖。发表SCI收录的论文总数为2 864篇,年增长率28%。中山大学附属第二医院宋尔卫课题组的关于非编码RNA调控乳腺癌干细胞生物学特性的研究结果以论著的形式于2007年发表在Cell(影响因子为29)。翁建平牵头联合全国9家医院的内分泌专家对胰岛素治疗2型糖尿病进行多中心随机对照临床研究,其结果于2007年发表在国际临床医学权威杂志the Lancet(影响因子为28.6)。曾益新科研团队与新加坡科学家合作,发现3个新的鼻咽癌易感基因位点,并确认人类白细胞抗原基因与鼻咽癌发病风险相关,该研究成果于2010年发表在杂志Nature Genetics(影响因子为34.28)。

中山大学医科有中国科学院院士3名(含2名双聘院士),教育部"长江学者奖励计划"特聘教授4名,国家"千人计划"引进人才5名,国家杰出青年科学基金获得者19人,教育部创新团队3个,首批广东省引进创新科研团队1个。

新增国家级科研平台(眼科学国家重点实验室)1个、省部级科研平台8个及一批厅局级科研平台和校级科研机构。至此,中山大学医科共有国家级平台3个、省部级实验室(工程技术中心)19个、厅局级实验室(工程技术中心)10个。

中山大学附属医院承担医疗、临床教学、医科科研任务,共有8家附属医院,其中,5家是综合医院,3家是专科医院;三级甲等医院6家,包括中山大学附属第一医院、中山大学孙逸仙纪念医院、中山大学附属第三医院、中山大学附属眼科医院、中山大学肿瘤防治中心、中山大学附属口腔医院,并于2009年3月成为卫生部与广东省共建共管的医院。

中山大学附属医院新建院区不断增多,规模不断扩大,门急诊人数及住院人数逐年攀升。病床总数为 9 523 张，2010 年的诊疗总量达 1 108 万人次，年住院病人量 29.42 万人次。中山大学附属医院学科设置齐全，技术力量雄厚。中山大学附属医院的 21 个临床专科入选国家重点临床专科，包括中山大学附属第一医院的重症医学科、消化内科、妇科、产科、麻醉科、病理科、专科护理、耳鼻咽喉科、手外科、心脏大血管外科、心血管内科、内分泌科和血液内科，中山大学孙逸仙纪念医院的内分泌科、口腔颌面外科和地方病科，中山大学附属第三医院的内分泌科，中山大学肿瘤防治中心的胸外科，中山大学附属口腔医院的牙体牙髓专业、口腔颌面外科专业和口腔修复专业。

中山大学附属医院积极参与国家公立医院改革，优化服务流程，大力推行预约诊疗服务，提高服务水平；促进以电子病历为核心的医院信息化建设，推进临床路径管理，深入开展优质的护理服务，促进医疗服务质量的持续改进与提高；推行检验检查结果互认，方便群众就医。在抗击"非典"、甲型 H1N1 流感、低温雨雪冰冻灾害及"5·12"汶川地震和玉树地震中，中山大学附属医院积极组织医疗队或采取及时到位的应急处理措施，圆满完成各类紧急医疗救治任务。

参考文献

[1] 陈柏坚. 广州外贸两千年 [M]. 广州：广州文化出版社，1989.

[2] 陈小卡. 西方医学传入中国史 [M]. 广州：中山大学出版社，2020.

[3] 陈小卡，王斌. 中山大学医科教育概况（2001—2016 年）[M]. 广州：中山大学出版社，2019.

[4] 陈小卡，王斌. 中山大学医科史鉴录 [M]. 广州：中山大学出版社，2016.

[5] 范准行. 明季西洋传入之医学 [M]. 上海：上海世纪出版集团上海人民出版社，2012.

[6] 费赖之. 在华耶稣会士列传及书目（全二册）[M]. 冯承钧，译. 北京：中华书局，1995.

[7] 广东省地方史志办. 广东省志·卫生志 [M]. 广州：广东人民出版社，2003.

[8] 广州市地方志编纂委员会. 广州市志卷 2：自然地理志、建置志、人口志、区县概况 [M]. 广州：广州出版社，1998.

[9] 广州市地方志编纂委员会. 广州市志卷 15：体育志、卫生志 [M]. 广州：广州出版社，1997.

[10] 广州市文史研究馆. 珠水遗珠 [M]. 广州：广州出版社，1998.

[11] 郭德焱. 基督教新教传教士与广州口岸[M]. 广州：广东人民出版社，2002.

[12] 国家教育委员会. 中国名校[M]. 北京：外文出版社，1995.

[13] 亨特. 广州番鬼录：旧中国杂记[M]. 冯树铁，沈正邦，译. 广州：广东人民出版社，2009.

[14] 黄佛颐. 广州城坊志[M]. 广州：广东人民出版社，1994.

[15] 季啸风. 中国高等学校变迁[M]. 上海：华东师范大学出版社，1992.

[16] 嘉惠霖，琼斯. 博济医院百年[M]. 沈正邦，译. 广州：广东人民出版社，2009.

[17] 李志刚. 基督教早期在华传教史[M]. 台北：台湾商务印书馆，1985.

[18] 吕雅璐. 红楼叠影：中山大学近代建筑群的人文解读[M]. 北京：商务印书馆，2016.

[19] 谭元亨，洪三泰，戴胜德，等. 千年国门：广州，3000年不衰的古港[M]. 广州：广东旅游出版社，2001.

[20] 吴志良，汤开建，金国平. 澳门编年史[M]. 广州：广东人民出版社，2009.

[21] 徐达政，张瑞林，陈省平. 论高校医学标本馆的社会服务功能[J]. 医学信息，2012，25（12）：143-144.

[22] 许崇清. 私立岭南大学孙逸仙博士医学院一览[M]. 广州：私立岭南大学，1938.

[23] 杨万秀. 广州通史[M]. 北京：中华书局，2010.

[24] 曾昭璇. 广州历史地理 [M]. 广州：广东人民出版社，1991.

[25] 查时杰. 马礼逊与广州十三夷馆 [M]. 桂林：广西师范大学出版社，2010.

[26] 郑德涛. 广东学府志（高等中专卷）[M]. 广州：广东高等教育出版社，2001.

[27] 朱潮. 中外医学教育史 [M]. 上海：上海医科大学出版社，1988.

[28] Bowers J Z. Western medicine in a Chinese palace：Peking Union Medical College, 1917—1951 [M]. Philadelphia：The Josiah Macy, Jr. Foundation, 1972.

后记

此次编撰《百年医学梦园——中山大学广州校区北校园记》，得到邱瑞林老师、冯东副馆长、梁兵主任、刘李云副书记、徐达政老师、康遍霞老师、李敏玲老师、蔡新洁老师、杨素清老师、邹赛德老师、彭建平老师、谢昭材老师、黄伯源老师、贺素磊老师、刘艳玲老师、梁依仕老师、赖穗燕老师、杨宇平老师提供的资料及帮助，在此深表谢忱！

编　　者

2021 年 9 月 30 日夜于中山大学广州校区北校园